이공계를 위한 현장 일본어

이공계를 위한
현장 일본어

국제협력사업단(国際協力事業団) 지음
문철수·박성태 옮김

어문학사

서문

국제협력사업단에서는 일상생활에서 필요한 가장 기본적인 일본어부터 기술 연수에 필요한 일본어를 연수생이 학습할 수 있도록 일본어 교재 시리즈 출판을 계획하고 있다. 이 교재 시리즈에는 ① 공통 교재 ② 분야별 교재 ③ 전공별 교재가 포함되어 있다.

일본어 교재 편찬 전문 부회는 지난 1983년 『기술 연수를 위한 일본어』 1, 2, 3(초급용)의 편찬을 지도한 데 이어 1984년에는 중급용 교재 편찬을 지도하고 『기술 연수를 위한 일본어』 4, 5를 완성했다.

이번에 완성한 분야별 교재(공업 기술계)는 공통 교재 초급 제2분권 학습을 마친 정도의 공업 기술 분야의 연수생을 대상으로 한 것으로 공통 교재와 병용되는 것으로 작성되었다.

이 책은 연수 현장의 실태에 맞춰 우선 실습 작업에 필요한 일본어 습득, 그다음에 기술 이전 과정에서 행해지는 설명이나 질문에 필요한 일본어의 논리적 표현 습득으로 이행할 수 있도록 편찬되었고, 기초 과정 3과, 이론 과정 6과, 실기 과정 9과로 구성되어 있다. 각 과에는 목공, 기계, 전기, 자동차, 실험 등이 소개되어 있는데, 이들에 대한 지식을 제공하는 것은 제1의 목적이 아니고, 어디까지나 이 분야에서 공통으로 사용되는 일본어 습득에 초점을 맞췄다. 이 점에 충분히 유의할 것을 지도자에게 당부하고 싶다.

편찬 작업은 전공 부회의 지도하에, 우선 (재) 국제 협력 서비스 센터 일본어 연수실이 작성한 원안을 공업 기술 계열 전문가가 교정하고, 국제협력사업단 각 연수 센터 및 국내 지부의 일본어 교사 대표를 포함한 합동 토론회에서 검토·논의하여 그 결과에 따라 가필·정정이 이루어졌다. 최종적으로는 전공 부회에서 더 검토하고 필요한 수정을 가한 것을 원고로 결정했다. 덧붙여 공업 기술 계열 전문가의 교정에 대해서는 고용 촉진 사업단 기미쓰 기능개발센터의 협력에 심심한 감사의 뜻을 표한다.

    이 교재는 향후 각 센터·지부에서 전해지는 사용 보고를 근거로 더욱 검토하고 필요하다면 재판(再版)할 때 수정하고자 한다.

1986년 3월 국제 협력 사업단
일본어 교재 편찬 전문 부회 위원장

교사를 위한 안내서

목적과 시점

이 교재는 국제협력사업단이 해외에서 받아들이고 있는 기술 연수원 중 공업 기술 계열의 사람들을 위해 편집된 것이다. 실습 현장에서 사용되는 기본적인 일본어 운용 능력의 습득에 대해서는 연수생 자신과 연수생을 받아들이는 곳 또는 일본어 강사 사이에서 이전부터 요구하는 목소리가 높았다. 이러한 목소리에 부응하기 위해 실습 현장에서 도움이 되는 일본어를 염두에 두고 본서를 만들었다.

총 학습 시간은 110시간을 상정하고 있지만, 표준적으로는 『기술 연수를 위한 일본어』 제3권부터 제6권까지 병행하여 이용하도록 설정되어 있다. 그러나 제6권까지 학습하지 못하는 사람도 있기 때문에 모든 과(課)에 히라가나로 한자 읽는 법을 표기해 독학할 수 있도록 배려했다.

이 책에서는 현장 작업 실태에 맞춰 우선 "어떻게 작업할까."라는 실기와 관련된 일본어를 학습하고, 이어서 "어떻게 되어 있는가. 어째서인가." 등 사물마다 묘사나 설명에 관한 논리적 표현이 일본어로 어떻게 진행되는지를 습득하게 하는 것이 기본적인 목표다. 따라서 문법·문형의 교육보다는 오히려 실제로 쓰이는 말의 운용력에 중점을 두고 있으며 이것이 공통 교재와 병용하는 이유다. 또 말이 추상적으로 떠오르지 않도록 풍부한 도표, 기호, 그림, 흐름도를 사용하여 이미지-말, 말-동작, 논리-말 각각 상호 간의 작용을 이해하고 몸에 익힐 수 있도록 했다.

소개된 항목은 공업 기술 계열의 사람에게는 진부하게 느껴질 수도 있다. 그러나 이는 어디까지나 일본어 학습을 위한 교재이며, 이 분야에 관한 지식을 학습하기 위한 것이 아닌 것을 알리고 싶다. 또 교사들이 모르는 것이 있어도, 학습자에게 설명함으로써 오히려 학습자의 일본어 운용 능력의 향상되는 효과를 기대할 수 있다.

전체 구성

전체 구성 및 내용을 아래 표에 정리했다.

구성	과 수	학습의 기본적 방향	학습 항목	사용 교재
기초 과정	3	과학 기술 전반에서 공통적으로 사용되는 것 중 가장 기초적인 용어를 학습한다	선·면·평면 도형·입체 도형·크기·위치·기호	수학(数学) 이과(理科)
이론 과정	6	사물의 모습, 원인, 이유를 묘사·설명·탐구하기 위해 사용되는 논리적 표현법을 학습한다	묘사(하나의 구조, 기능, 특성) 설명(원인, 이유 등) 탐구, 분석, 결론, 해석, 기타	기계 자동차 전기 등
실기 과정	9	실습 현장에서의 작업을 중심으로 한 말을 배운다	분해~조립 작업 측정·가공·제작 기계 기구의 조작 순서·배치 유지·관리 정리·정돈	목공 기계 자동차 전기 실험

또한 이론 과정에서는 논리적 표현의 구축, 전개상 중요한 역할을 하는 "~에 따라~, 에 대해, ~으로……" 등 조사에 해당하는 연결어 및 접속사 혹은 접속적 기능을 하는 어구 등에 중점을 뒀다.

학습자를 위한 안내서

1. 이 교재의 목적과 대상

이 교재는 기계, 전기, 판금, 용접, 목재 가공 등 공업 기술계 연수생이 200시간의 초급일본어 코스를 끝내고 나서, 가 분야의 기초적인 일본어를 학습하기 위해 만들어진 것입니다.

2. 전체 구성

이 교재는 ① 기초 과정 ② 이론 과정 ③ 실기 과정으로 나누어져 있습니다.

① 기초 과정에서는 모든 공업 분야에서 공통으로 쓰이는 일본어, 예를 들어 수, 선, 모양, 면, 각도, 수치, 면적, 체적, 위치 등에 대해서 학습합니다.

② 이론 과정에서는 사물의 묘사, 설명, 논리적인 표현 방법 등을 중심으로 학습합니다. 예를 들면, 정의와 분류, 예시 및 원인과 결과, 변화와 대응, 조건과 결과 등의 논리적 개념을 일본어로 표현하는 방법 등에 대해서 공부합니다.

③ 실기 과정에서는 기술 연수 현장에서 실제로 이루어지는 작업과 직접 연결되는 일본어를 중심으로 학습합니다. 예를 들면 조립, 손가락을 사용하는 동작, 작업 방법, 부품의 점검이나 조정 등과 관련된 일본어를 공부합니다.

3. 본 교재 사용의 유의점

이 교재를 사용할 때에는 다음 사항에 유의해 주십시오.

1) 이 교재는 전문 지식을 습득하기 위한 것이 아니라 이공계, 공업 기술계에서 폭넓게 사용되는 일본어 표현을 공부하는 것이 목적입니다. 따라서 일본어 표현 방법을 중심으로 학습해 주십시오. 전공과 직접적으로 관계가 없는 분야의 내용이라도 일본어 표현 방법을 공부한다는 관점에서 학습해 주십시오.
2) 기초 과정 및 실기 과정에서는 단순히 표현을 머리로만 이해하지 말고 이해한 표현을 도식화(圖式化)하거나 실제 동작으로 나타내보시기 바랍니다.
3) 자신이 말하고 싶은 것이나 질문하고 싶은 것을 자신이 알고 있는 일본어로 일본인에게 어떻게 전달하고 또 대답할 것인가를 항상 염두에 두고 학습에 임해 주세요.

目次 _{もくじ} 목차

서문　　　　　　　　　4

교사를 위한 안내서　　　6

학습자를 위한 안내서　　8

基礎課程 _{きそかてい}　기초 과정

第1課 _{だいか}　数・いろいろな線・角度・いろいろな形・面 _{かず　　　　　　せん　かくど　　　　　　かたち　めん}　　13
　　　수・여러 가지 선・각도・여러 가지 모양・면

第2課 _{だいか}　寸法・面積・体積と容積・重さ・温度 _{すんぽう　めんせき　たいせき　ようせき　おも　おんど}　　23
　　　치수・면적・체적과 용적・무게・온도

第3課 _{だいか}　位置 1)～3)・形・性質 _{いち　　　　　　かたち　せいしつ}　　33
　　　위치 1)～3)・모양・성질

理論課程 _{りろんかてい}　이론 과정

第4課 _{だいか}　定義・分類・例示 _{ていぎ　ぶんるい　れいじ}　　41
　　　정의・분류・예시

第5課 _{だいか}　原因と結課 _{げんいん　けっか}　　53
　　　원인과 결과

第6課 _{だいか}　変化と対応 _{へんか　たいおう}　　65
　　　변화와 대응

第7課 _{だいか}　条件と結課 _{じょうけん　けっか}　　77
　　　조건과 결과

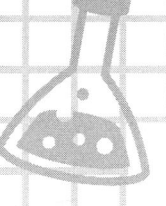

第8課	対比・比較	89
	대비·비교	
第9課	予想に反する結果	101
	예상에 반하는 결과	

実技課程　실기 과정

第10課	木材加工	113
	목재 가공	
第11課	板金・塗装	121
	판금·도장	
第12課	工作機械・溶接	131
	공작 기계·용접	
第13課	手仕上げ	141
	손 다듬질	
第14課	自動車整備	151
	자동차 정비	
第15課	電気	159
	전기	
第16課	材料試験	169
	재료 시험	
第17課	化学実験	179
	화학 실험	
第18課	作業環境の安全と管理	189
	작업 환경의 안전과 관리	

역자 후기　198

기초 과정

第1課

数・いろいろな線・角度・いろいろな形・面
수・여러 가지 선・각도・여러 가지 모양・면

- I 数 수
- II いろいろな線 여러 가지 선
- III 角度 각도
- IV いろいろな形 여러 가지 모양
- V 面 면

I 数_수

cf. およそ_{대략}$x\%$ ($x\% \pm \alpha$), $x\%$強_강($x\% + \alpha$), $x\%$弱_약($x\% - \alpha$),
ほとんど_{거의}$x\%$ ($\simeq x\%$)

1. 何パーセントぐらいですか。 몇 퍼센트 정도입니까?

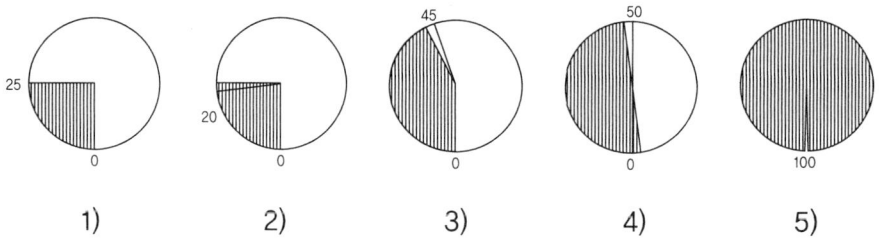

2. xの何倍ぐらいですか。 x의 몇 배 정도입니까?

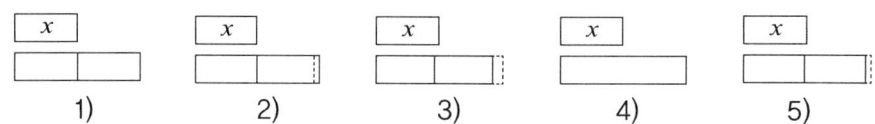

3. どのぐらいの割合⁽¹⁾ですか。([例] ▨▨▨▨□ およそ5分の4)
　　비율은 어느 정도입니까?([예] ▨▨▨▨□ 약 5분의 4)

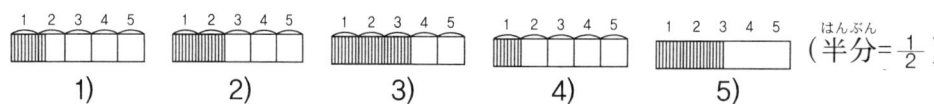

$\left(半分 = \dfrac{1}{2}\right)$

4. 1995はおよそ2000です。 1995는 약 2000입니다.

 1) 1385は_____　 2) 198は_____　 3) 2.99は_____
 4) 7.1は_____　 5) 1.105は_____

─── (1) 割合 비율

第1課　数・いろいろな線・角度・いろいろな形・面　수・여러 가지 선・각도・여러 가지 모양・면　15

5. 0.1は1) れいてんいち, 2) れいコンマいち, 3) コンマいち, と三通り⁽²⁾の言いかたをしています。次の数値⁽³⁾を三通りの言いかたで言いなさい。

0.1은 1) 영점 일, 2) 영콤마 일, 3) 콤마 일처럼 세 가지 표현이 있습니다. 다음의 수치를 세 가지 표현으로 말하시오.

1) 0.2　　2) 0.01　　3) 0.8　　4) 0.5　　5) 0.02

6. 1mm〜2mm→いちにmm, 12cm〜13cm→じゅうにさんcm, 70g〜80g→しちはちじゅうgのように言いなさい。

1mm〜2mm→ 일이mm, 12cm〜13cm→ 십이삼cm, 70g〜80g→ 칠팔십g처럼 말하시오.

1) 2mm〜3mm→　　　　　　2) 3cm〜4cm→
3) 4m〜5m→　　　　　　　4) 5km〜6km→
5) 6g〜7g→　　　　　　　6) 7kg〜8kg→
7) 8ℓ〜9ℓ→　　　　　　　8) 11分〜12分
9) 20分〜30分→　　　　　10) 31℃〜32℃

Ⅱ　いろいろな線 여러 가지 선

① a ——— b　　② a ⌒ b　　③ a 〜〜 b
　　直　線 직선　　　曲　線 곡선　　　波　線 파선(물결)

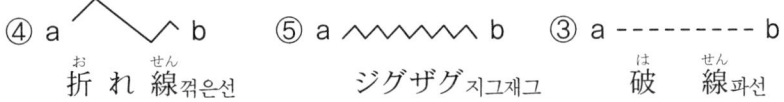

④ a ⋀⋁ b　　⑤ a ∧∧∧ b　　③ a - - - - b
　　折れ線 꺾은선　　ジグザグ 지그재그　　破　線 파선

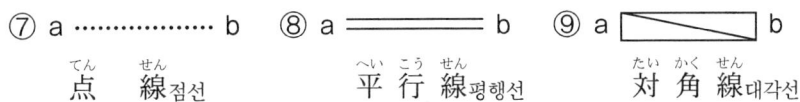

⑦ a ······· b　　⑧ a ═══ b　　⑨ a ⊠ b
　　点　線 점선　　　平行線 평행선　　　対角線 대각선

----

(2) 三通り 3종류　　(3) 数値 수치

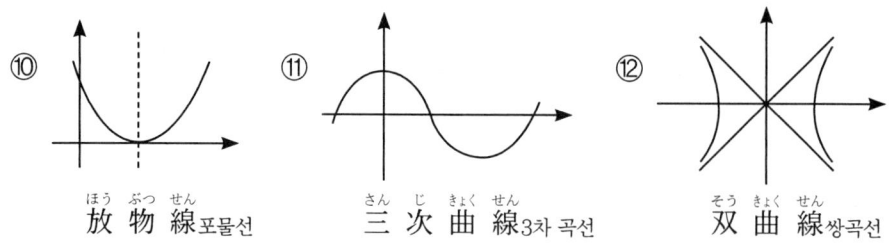

放物線 포물선　　三次曲線 3차 곡선　　双曲線 쌍곡선

1.

1) a　　　b　　aからbに直線を引きなさい。　a에서 b로 직선을 그으시오.

2) a　　　b　　aからbに点線を引きなさい。　a에서 b로 점선을 그으시오.

3) a　　　b　　aからbに波線を引きなさい。　a에서 b로 파선을 그으시오.

4) a ▭ b　　aからbに対角線を引きなさい。　a에서 b로 대각선을 그으시오.

5) a———b　　a-bの下に平行線を引きなさい。　a에서 b로 평행선을 그으시오.

2. どんな線ですか。 어떤 선입니까?

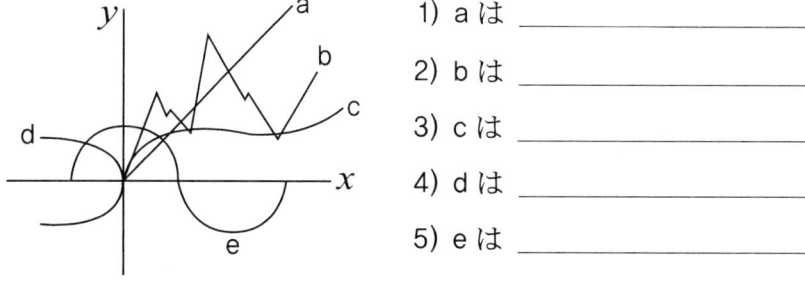

1) aは _____。

2) bは _____。

3) cは _____。

4) dは _____。

5) eは _____。

第1課 数・いろいろな線・角度・いろいろな形・面 수·여러 가지 선·각도·여러 가지 모양·면

Ⅲ 角度 각도

1. 角の単位 각의 단위　　°＝度 도　　′＝分 분　　″＝秒 초

$$（1分 분＝\frac{1}{60}度 도　　1秒 초＝\frac{1}{60}分 분）$$

2. 角の種類 각의 종류

　　　　直角 직각（∠a＝90°）

　　　　鋭角 예각（0°＜∠a＜90°）

　　　　鈍角 둔각（90°＜∠a＜180°）

3. 次の角度を読みなさい。 다음 각도를 읽으시오.

1) 24°　　2) 36°　　3) 13°　　4) 58°　　5) 77°

4. 次の角度を読みとり⁽⁴⁾なさい。 다음 각도를 파악하시오.

a は＿＿＿＿＿＿＿＿＿＿。

b は＿＿＿＿＿＿＿＿＿＿。

c は＿＿＿＿＿＿＿＿＿＿。

d は＿＿＿＿＿＿＿＿＿＿。

e は＿＿＿＿＿＿＿＿＿＿。

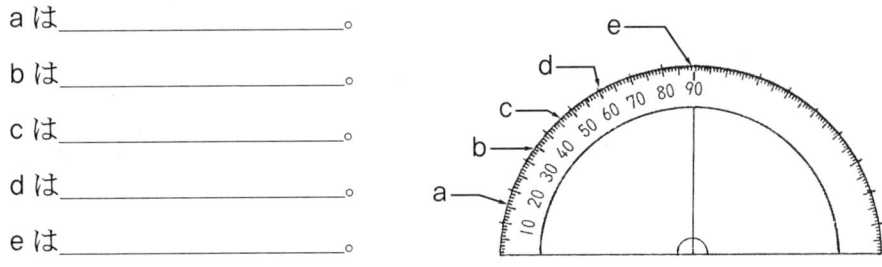

━━ (4) 読みとる 파악하다

5. 次の角度を読みなさい。 다음 각도를 읽으시오.

1) 27°15′   2) 12°3′   3) 57°17′   4) 35°8′   5) 24°30′

6. 次の角度を読みなさい。 다음 각도를 읽으시오.

1) 31°24′12″   2) 19°8′5″   3) 81°30′4″   4) 73°51′11″

Ⅳ　いろいろな形(5) 여러 가지 모양

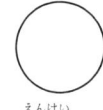
① 円形 원형

② 半円形 반원형

③ 楕円形 타원형

④ 正三角形 정삼각형

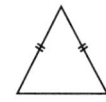
⑤ 二等辺三角形 이등변삼각형

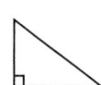
⑥ 直角三角形 직삼각형

⑦ 鋭角三角形 예각삼각형

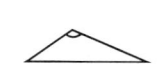
⑧ 鈍角三角形 둔각삼각형

三角形 삼각형

●━ (5) 形 형태, 모양

第1課　数・いろいろな線・角度・いろいろな形・面　수·여러 가지 선·각도·여러 가지 모양·면

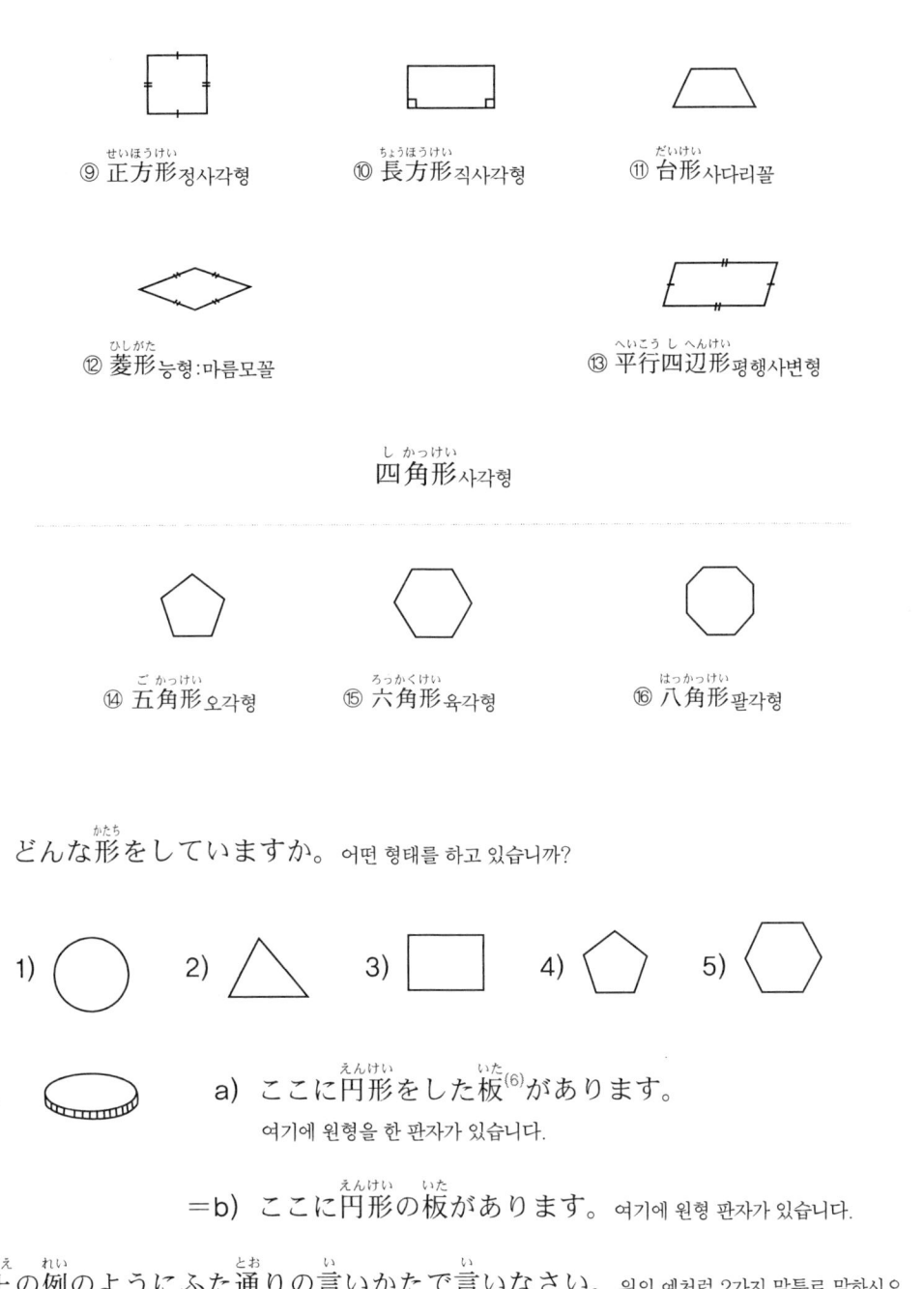

⑨ 正方形 정사각형
⑩ 長方形 직사각형
⑪ 台形 사다리꼴
⑫ 菱形 능형:마름모꼴
⑬ 平行四辺形 평행사변형

四角形 사각형

⑭ 五角形 오각형
⑮ 六角形 육각형
⑯ 八角形 팔각형

1. どんな形をしていますか。 어떤 형태를 하고 있습니까?

1)　2)　3)　4)　5)

2. 　a) ここに円形をした板(6)があります。
　　　여기에 원형을 한 판자가 있습니다.

＝b) ここに円形の板があります。 여기에 원형 판자가 있습니다.

上の例のようにふた通りの言いかたで言いなさい。 위의 예처럼 2가지 말투로 말하시오.

1)　2)　3)

━━━━━━━━━━━━━━━━━━━━━━━━
∽ (6) 板 판자, 널판지

3. 三角形には正三角形, 二等辺三角形, 直角三角形, 鋭角三角形, 鈍角三角形 などがあります。では, 四角形にはどんなものがありますか。
   삼각형에는 정삼각형, 이등변삼각형, 직각삼각형, 예각삼각형, 둔각삼각형 등이 있습니다. 그러면 사각형에는 어떤 것이 있습니까?

   四角形には 사각형에는 ＿＿＿＿, ＿＿＿＿, ＿＿＿＿, ＿＿＿＿ などがあります。 등이 있습니다.

V 面 면

1. 面の種類 면의 종류

① 平 面 평면

② 曲 面 곡면

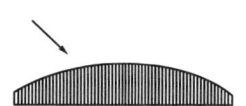
③ 凸 面 철면

④ 凹 面 요면

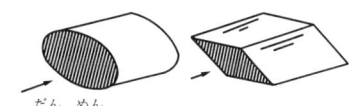
⑤ 断 面 단면

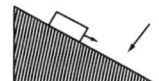
⑥ 斜 面 사면

どんな面になっていますか。 어떤 면으로 되어 있습니까?

(1) aは _____。
(2) bは _____。
(3) cは _____。
(4) dは _____。
(5) eは _____。

2. 表面(7)の状態(8) 표면의 상태

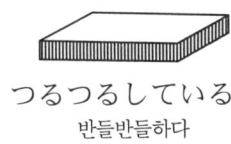
つるつるしている
반들반들하다

ざらざらしている
까칠까칠하다

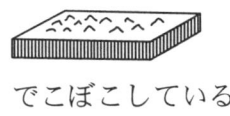
でこぼこしている
울퉁불퉁하다

どんな状態になっていますか。 어떤 상태로 되어 있습니까?

(1) 紙やすり(9)の表面は 사포의 표면은 _____。

(2) 月の表面は 달의 표면은 _____。

(3) 鏡(10)の表面は 거울의 표면은 _____。

---

(7) 表面 표면   (8) 状態 상태   (9) 紙やすり 사포   (10) 鏡 거울

기초 과정

第2課

寸法・面積・体積と容積・重さ・温度
치수·면적·체적과 용적·무게·온도

- I 寸法 치수
- II 面積 면적
- III 体積と容積 체적과 용적
- IV 重さ 무게
- V 温度 온도

I 寸法 치수

1. たて線を引きなさい。
세로선을 그으시오.

2. 横線を引きなさい。
가로선을 그으시오.

3.

1) 左の図⁽¹⁾の寸法を言いなさい。 왼쪽 그림의 치수를 말하시오.

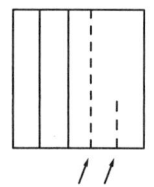

たては何ミリありますか。 세로는 몇 밀리미터입니까?

横は何ミリありますか。 가로는 몇 밀리미터입니까?

高さは何ミリありますか。 높이는 몇 밀리미터입니까?

2) つぎの寸法を図にしなさい。 다음 치수를 그림으로 그리시오.

a) たて35ミリ, 横15ミリ, 高さ20ミリのブロック。
세로 35mm, 가로 15mm, 높이 20mm의 블록.

b) たてxミリ, 横yミリ, 高さzミリのブロック。
세로 x mm, 가로 y mm, 높이 z mm의 블록.

3) 左のケースはたて, 横, 深さがそれぞれ何センチありますか。 왼쪽 케이스는 세로, 가로, 깊이가 몇 센티입니까?

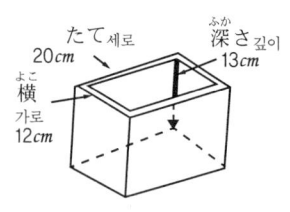

このケースはたてが＿＿＿＿センチ, 横が＿＿＿＿センチ, 深さが＿＿＿＿センチ＿＿＿＿。

이 케이스는 세로가 ＿＿＿cm, 가로가 ＿＿＿ cm, 깊이가 ＿＿＿ cm ＿＿＿.

→ (1) 図 그림

4. 例のとおり言いなさい。 예와 같이 말하시오.

[例] エナメル線에나멜 선 ⟶ 長さ3メートルのエナメル線 길이 3m의 에나멜 선

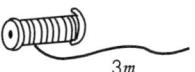

1) 鋼板강판 —— 厚さ두께 (0.1mm)
2) テープ테이프 幅폭 (5cm)
3) 丸棒원형봉 (8mm) 直径직경
4) 軸축 (22mm) 半径반경
5) パイプ파이프 (11mm) 外径외경
6) ゴム管고무관 (7mm) 内径내경

Ⅱ 面積 면적

1. 比較⁽²⁾しなさい。 비교하시오.

[例] 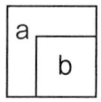 aは面積が大きいです。 a는 면적이 큽니다.
　　　　　　 bは面積が小さいです。 b는 면적이 작습니다.

1) ちょっと大きい 조금 크다
　 ちょっと小さい 조금 작다

2) 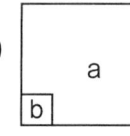 ずっと⁽³⁾大きい 훨씬 크다
　 ずっと小さい 훨씬 작다

2. つぎの面積を読みなさい。 다음 면적을 읽으시오.

mm^2 : 平方ミリ 제곱밀리미터　　cm^2 : 平方センチ 제곱센티미터
m^2 : 平方メートル 제곱미터　　km^2 : 平方キロ 제곱킬로미터

1) $4mm^2$　2) $24mm^2$　3) $25cm^2$　4) $0.25m^2$　5) $150m^2$　6) $500km^2$

◆ (2) 比較 비교　(3) ずっと 훨씬

3. つぎの面積を言いなさい。 다음 면적을 말하시오.

[例] 16.14cm² : じゅうろく てん いち よん 平方センチ 16.14세제곱센티미터

1) 0.32mm²   2) 113.18cm²   3) 95.157m²   4) 53.5952km²

4. 小数点第2位まで出し⁽⁴⁾なさい。 소수점 둘째 자리까지 쓰시오.

[例] $\frac{7}{3}$ → 2.33
       1 2
       位位

1) $\frac{8}{41}$ 2) $\frac{51}{7}$ 3) $\frac{459}{4}$ 4) $\frac{637}{8}$

5. 小数点第2位以下を切りすてなさい。 소수점 둘째 자리 이하를 갈라내시오.

[例] 3.14̶1̶5̶ → 3.1

1) 5.213   2) 4.02   3) 57.156   4) 99.104   5) 73.58

6. 小数点第3位以下を四捨五入するといくらになりますか。
소수점 셋째 자리 이하를 사사오입하면 얼마가 됩니까?

[例] 16.14̶6̶⁵ → 16.15になります。 16.15가 됩니다.

1) 0.327   2) 95.157   3) 53.595   4) 32.837   5) 3.025

⟜ (4) 出す 내다

Ⅲ 体積(5)と容積(6) 체적과 용적

1. 固体(7), 液体(8), 気体(9)の体積をはかるときは, 立方センチ(cm^3), 立方メートル(m^3)を使います。また, 液体と気体の場合はミリリットル(ml), リットル($ℓ$)を使うこともあります。

고체, 액체, 기체의 체적을 측정할 때 세제곱센티미터(cm^3), 세제곱미터(m^3)를 사용합니다. 또 액체와 기체의 경우는 밀리리터(ml), 리터($ℓ$)를 사용하는 경우도 있습니다.

1) つぎの体積を言いなさい。 다음의 체적을 말하시오.

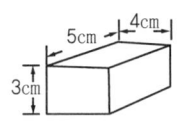 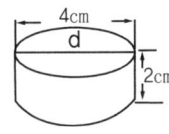 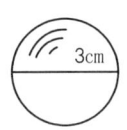 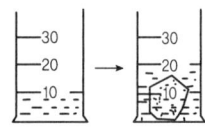

a. 60㎤   b. 25.12㎤   c. 14.13㎤   d. ?㎤

2) つぎの体積を読みとりなさい。 다음의 체적을 구하시오.

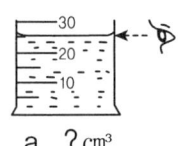 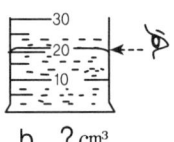

a. ?㎤   b. ?㎤

2. 容積 용적

1) どのぐらい入りますか。 어느 정도 들어갑니까?

a. ドラムかん 드럼통   b. ポット (보온병)   c. やかん 주전자   d. びん 병

◆ (5) 体積 체적   (6) 容積 용적   (7) 固体 고체   (8) 液体 액체   (9) 気体 기체

2) 例のとおり言いなさい。 예와 같이 말하시오.

[例] 500mℓ入りの容器⁽¹⁰⁾ 500㎖ 들이의 용기

a. 200ℓ　――　ドラムかん 드럼통
b. 2.2ℓ　――　ポット 포트
c. 1.8ℓ　――　やかん 주전자
d. 720mℓ　――　びん 병

Ⅳ　重さ 무게

1. つぎの物体⁽¹¹⁾の重さを言いなさい。 다음 물체의 무게를 말하시오.

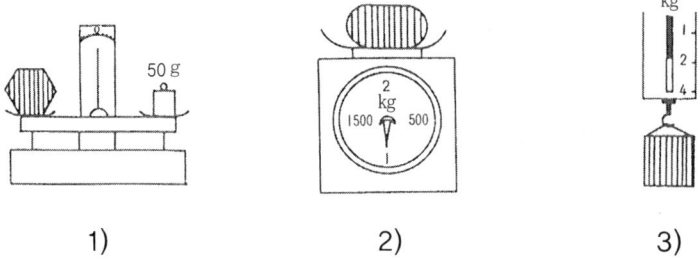

1)　　　　　2)　　　　　3)

2. 下の図で体積と重さは比例して⁽¹²⁾います。つまり、体積が2倍になると、重さも2倍になります。
아래 그림에서 체적과 무게는 비례하고 있습니다. 즉 체적이 2배가 되면 무게도 2배가 됩니다.

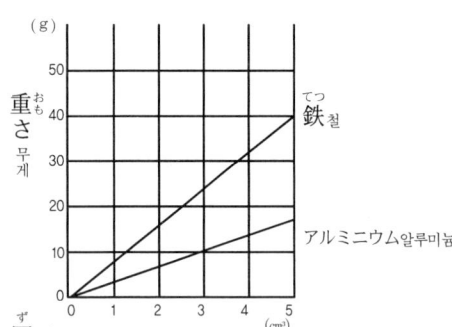

図-1 그림-1

1) 5㎤の鉄は何グラムですか。
5㎤의 철은 몇 그램입니까?

2) では、2.5㎤のときは何グラムになりますか。 그럼, 2.5㎤일 때는 몇 그램이 됩니까?

━━━━━━━━━━━━━━━━━━━━━━━━━━━━━━━━
●━ (10) 容器 용기　　(11) 物体 물체　　(12) 比例する 비례하다

3. 物質⁽¹³⁾の密度⁽¹⁴⁾ 물질의 밀도

表-1　固体や液体の1㎤あたりの重さ(20℃)　표-1 고체나 액체의 1㎤당 무게(20℃)

物　質 물질		1㎤あたりの重さ[g/㎤] 1㎤당 무게[g/㎤]	物　質 물질		1㎤あたりの重さ[g/㎤] 1㎤당 무게[g/㎤]
金 금	Au	19.3	ポリエチレン 폴리에틸렌		0.93
銀 은	Ag	10.5	水銀 수은	Hg	13.5
銅 동	Cu	8.93	硫酸 황산	H_2SO_4	1.83
鉄 철	Fe	7.86	水 물	H_2O	1.00
アルミニウム 알루미늄	Al	2.69	エタノール 에탄올		0.79

1㎤あたり⁽¹⁵⁾の重さを密度といいます。g/㎤と書いて, グラムパー立方センチメートルと読みます。

1㎤당 무게를 밀도라고 합니다. g/㎤라고 쓰고, 그램 퍼 세제곱센티미터라고 읽습니다.

1) 表-1を読みなさい。 표-1을 읽으세요.
　　［例］　金は19.3グラムパー立方センチメートルです。
　　〔예〕　금은 19.3 그램 퍼 세제곱센티미터입니다.

2) 表-1でいちばん密度が高いのはどれですか。
　　표-1에서 제일 밀도가 높은 것은 어느 것입니까?

3) 表-1でいちばん密度が低いのはどれですか。
　　표-1에서 제일 밀도가 낮은 것은 어느 것입니까?

⟜ (13) 物質 물질　　(14) 密度 밀도　　(15) あたり 당(per)

V 温度(おんど) 온도

1. つぎの温度(おんど)を言(い)いなさい。 다음의 온도를 말하시오.

[例(れい)]　5℃＝5度(ど) 5도

1) 0℃　　2) 15℃　　3) 90℃　　4) 400℃　　5) 1,800℃

2. つぎの温度(おんど)を三通(みとお)りの読(よ)みかたで言(い)いなさい。
다음 온도를 3종류의 표현법으로 말하시오.

[例(れい)]　−5℃　　1) マイナス5度(ど)　　2) れい下(か)5度(ど)　　3) 氷点下(ひょうてんか)5度(ど)
　　　　　　　　　　마이너스 5도　　　　　영하 5도　　　　　빙점하(영하) 5도

1) −20℃　　2) −40℃　　3) −82℃　　4) −273℃

3. 温度(おんど)の言(い)いかた。 온도를 읽는 방법

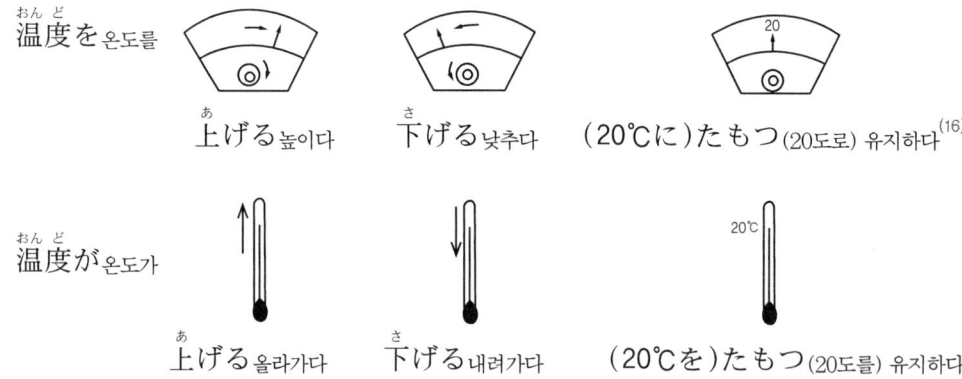

温度(おんど)を 온도를　　上(あ)げる 높이다　　下(さ)げる 낮추다　　(20℃に)たもつ (20도로) 유지하다[16]

温度(おんど)が 온도가　　上(あ)げる 올라가다　　下(さ)げる 내려가다　　(20℃を)たもつ (20도를) 유지하다

⚬⚬ (16) たもつ 유지하다

1) 点線で表しなさい。 점선으로 표시하시오.

(1) aの温度を15℃まで下げなさい。
a의 온도를 15℃까지 낮추시오.

(2) bの温度を20℃まで上げなさい。
b의 온도를 20℃까지 올리시오.

(3) cの温度をマイナス5℃(-5℃)にたもちなさい。
c의 온도를 영하 5℃(-5℃)로 유지하시오.

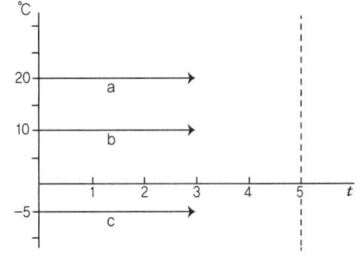

2) 温度の状態を言いなさい。 온도의 상태를 말하시오.
 (上がっている 올라가 있다. 下がっている 내려가 있다.
 ～をたもっている ~를 유지하고 있다)

(1) aは a는_____。
(2) bは b는_____。
(3) cは c는_____。

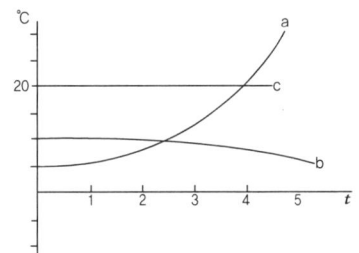

기초 과정

第3課

位置1)～3)・形・性質
위치 1) ~ 3)・모양・성질

Ⅰ 位置1) 위치 1)

Ⅱ 位置2) 위치 2)

Ⅲ 位置3) 위치 3)

Ⅳ 形 모양

Ⅴ 性質 성질

I 位置(いち) 1) 위치 1)

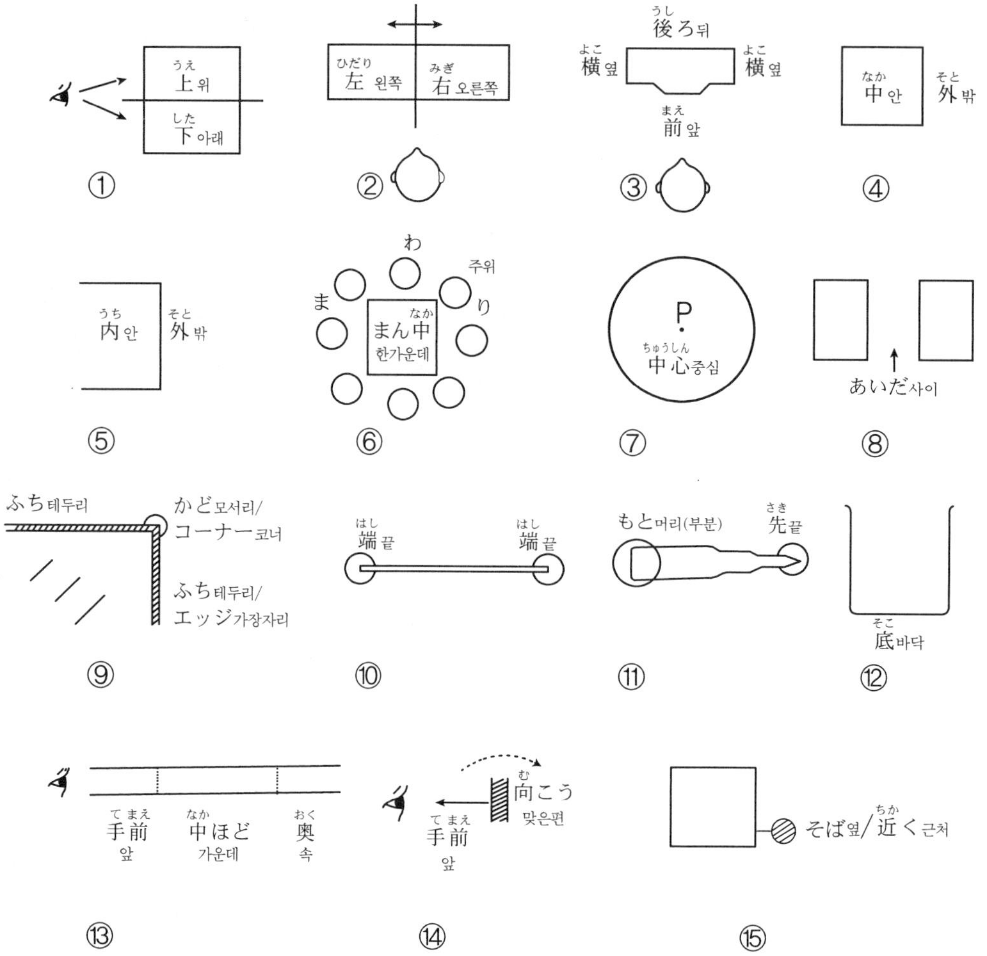

① 上(うえ) 위 / 下(した) 아래
② 左(ひだり) 왼쪽 / 右(みぎ) 오른쪽
③ 後ろ(うし) 뒤 / 横(よこ) 옆 / 横(よこ) 옆 / 前(まえ) 앞
④ 中(なか) 안 / 外(そと) 밖
⑤ 内(うち) 안 / 外(そと) 밖
⑥ まわり 주위 / まん中(なか) 한가운데
⑦ P / 中心(ちゅうしん) 중심
⑧ あいだ 사이
⑨ ふち 테두리 / かど 모서리/コーナー 코너 / ふち 테두리/エッジ 가장자리
⑩ 端(はし) 끝 / 端(はし) 끝
⑪ もと 머리(부분) / 先(さき) 끝
⑫ 底(そこ) 바닥
⑬ 手前(てまえ) 앞 / 中ほど(なか) 가운데 / 奥(おく) 속
⑭ 向こう(む) 맞은편 / 手前(てまえ) 앞
⑮ そば 옆/近く(ちか) 근처

1. 例(れい)のように言(い)いなさい。 예처럼 말하시오.

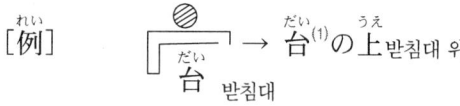

[例(れい)]

台(だい) 받침대

→ 台(だい)(1)の上(うえ) 받침대 위

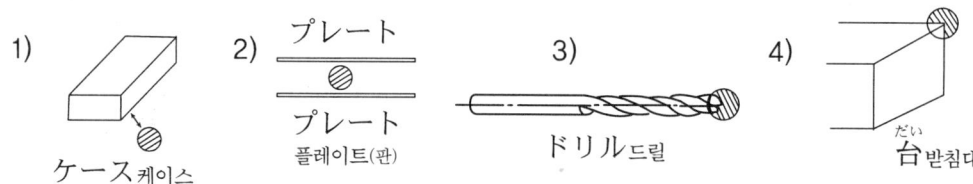

1) ケース 케이스
2) プレート / プレート 플레이트(판)
3) ドリル 드릴
4) 台(だい) 받침대

(1) 台(だい) 받침대

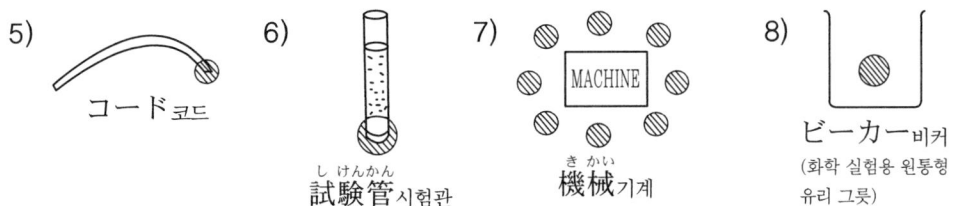

Ⅱ 位置 2) 위치 2)

1. 側쪽(측)

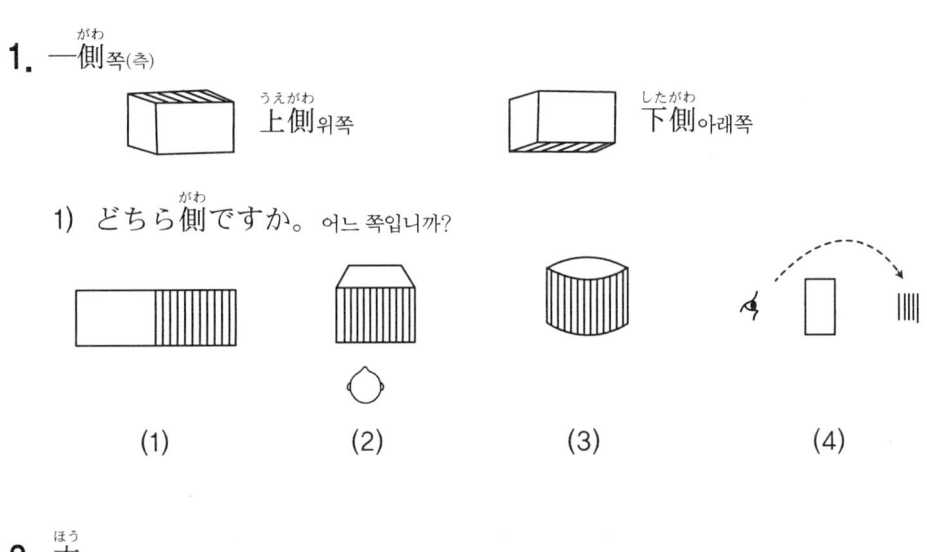

1) どちら側ですか。 어느 쪽입니까?

(1)　　　(2)　　　(3)　　　(4)

2. 方방향(쪽)

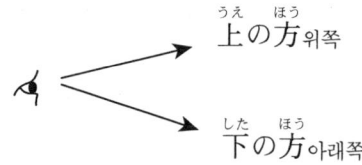

1) どちらの方ですか。 어느 방향입니까?

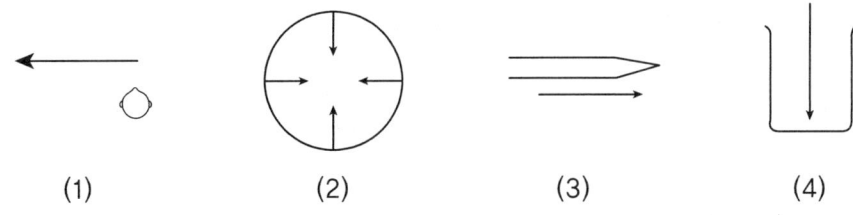

(1)　　　(2)　　　(3)　　　(4)

3. あたり 부분

端あたり 끝 부분

1) どのあたりですか。 어느 부분입니까?

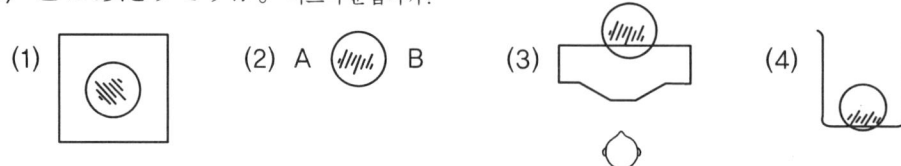

Ⅲ　位置 3) 위치 3)

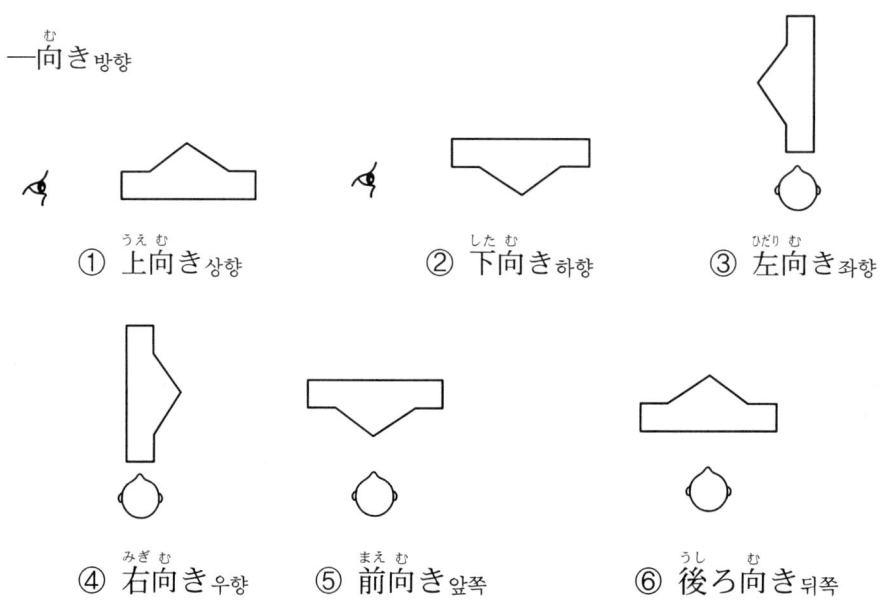

1. 指示のとおりに⁽²⁾しなさい。 지시대로 하시오.

   1) 下向きの位置になおし⁽³⁾なさい。 하향 위치로 바꾸시오.

- -
➡ (2) のとおりに ~와 같이, ~대로　　(3) なおす 바꾸다, 고치다

2) 上向きの位置になおしなさい。 상향 위치로 바꾸시오.

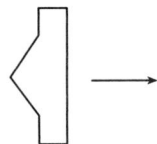

3) 後ろ向きの位置になおしなさい。 뒤쪽 위치로 바꾸시오.

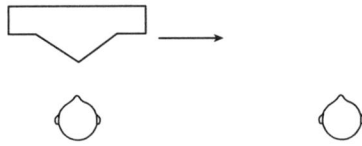

2. どちら向きになっていますか。 어느 방향으로 되어 있습니까?

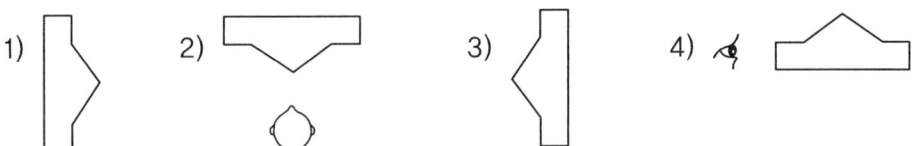

IV 形 모양

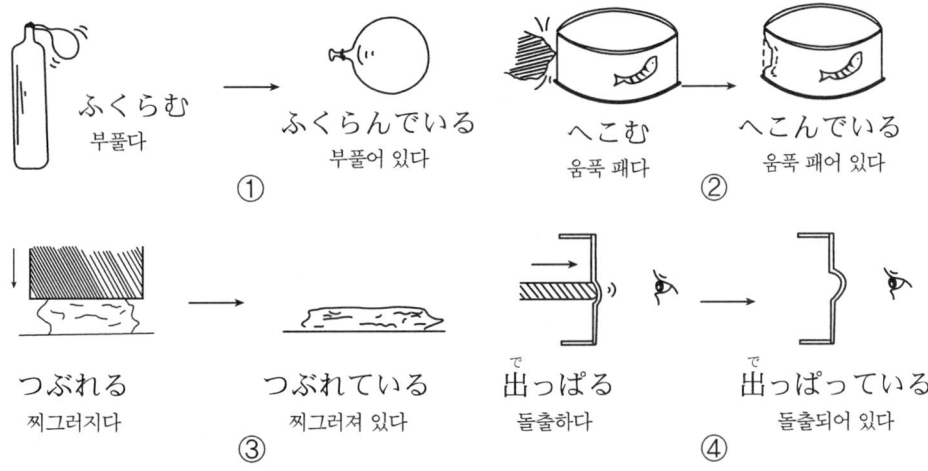

ふくらむ → ふくらんでいる   へこむ → へこんでいる
부풀다   부풀어 있다   움푹 패다   움푹 패어 있다
         ①   ②

つぶれる → つぶれている   出っぱる → 出っぱっている
찌그러지다   찌그러져 있다   돌출하다   돌출되어 있다
         ③   ④

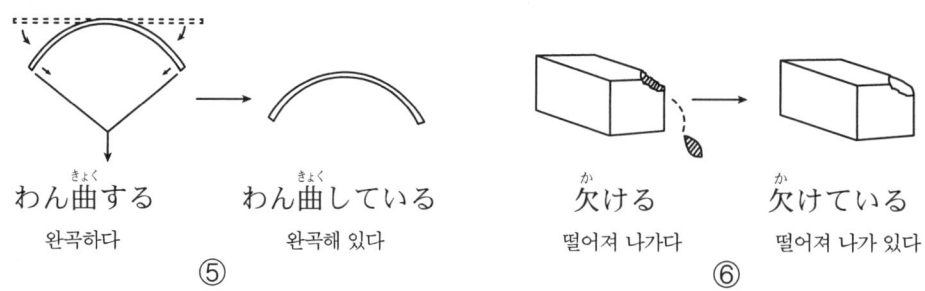

1. どうなっていますか。 어떻게 되어 있습니까?

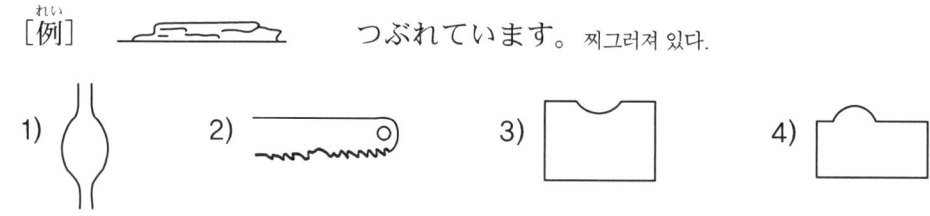

2. 例のように言いなさい。 예와 같이 말하시오.

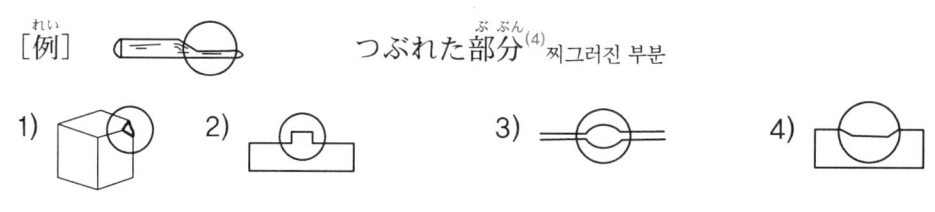

V 性質 성질

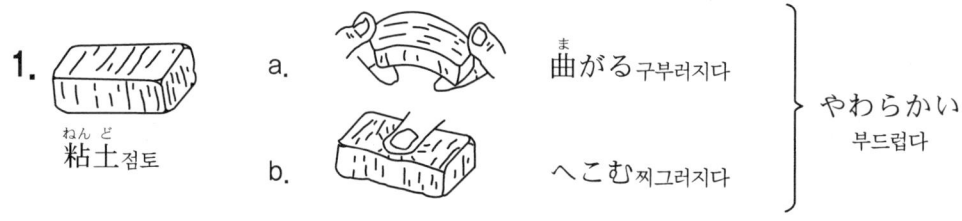

••• (4) 部分 부분

第3課　位置1)～3)・形・性質 위치 1)～3)・모양・성질　39

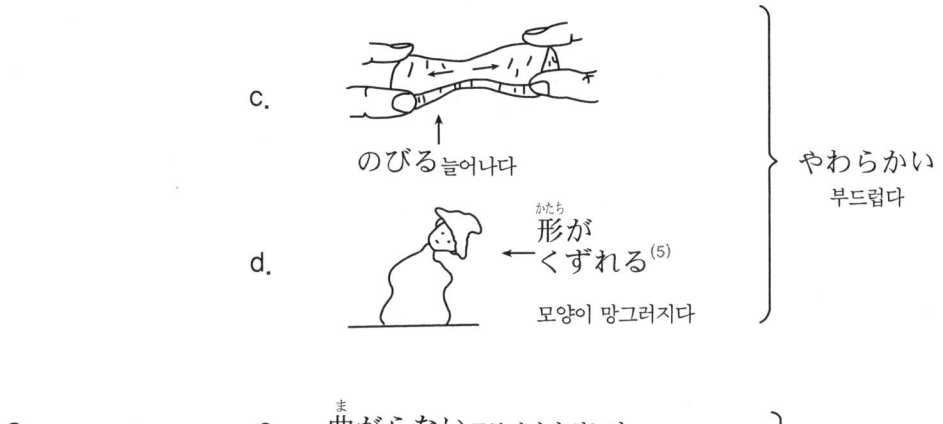

c. のびる 늘어나다 ⎫
d. 形がくずれる(5) 모양이 망그러지다 ⎭ やわらかい 부드럽다

2.
ダイヤモンド 다이아몬드

a. 曲がらない 구부러지지 않는다
b. へこまない 찌그러지지 않는다
c. のびない 늘어나지 않는다
d. 形がくずれない 모양이 망그러지지 않는다
⎫ かたい 단단하다

3.
れんが 벽돌

a. こわれやすい 부서지기 쉽다
b. 欠けやすい 떨어져 나가기 쉽다
⎫ もろい 무르다

4.

ろう 양초
a. とける 녹다　熱に弱い 열에 약하다
b. とけない 녹지 않다　熱に強い 열에 강하다

セラミック 세라믹

. . . .

(5) くずれる 망그러지다

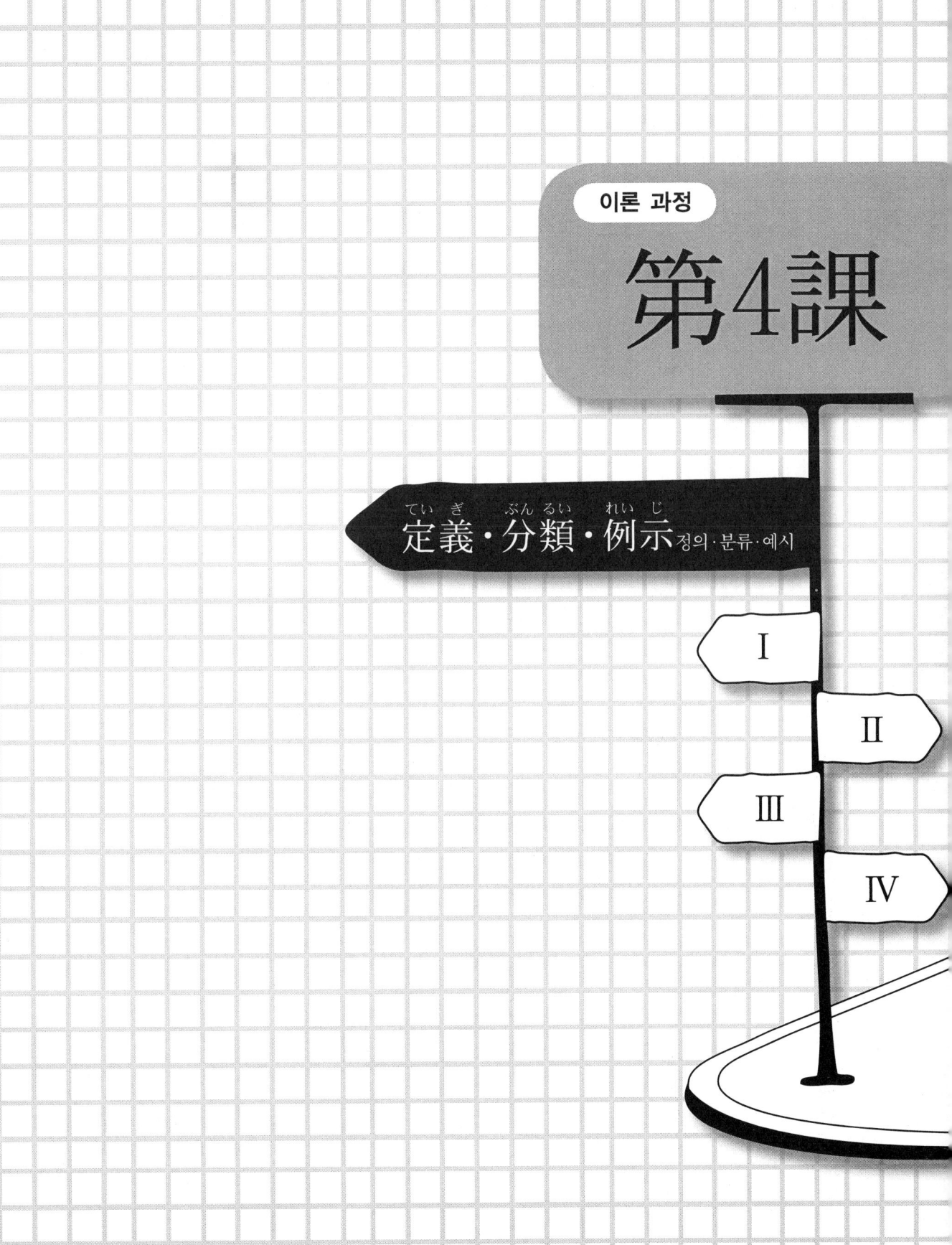

定義・分類・例示 정의·분류·예시

1. ハンマーは、たたくために使う工具である。

해머는 두드리기 위해서 사용하는 공구다.

2. 工具は、けがきをしたり、切断したりするために使う。バイトは、工作物の面削り、ねじ切り、中ぐり、側面削りなどのために使用する。

공구는 금을 긋거나 절단하기 위해서 사용한다. 바이트는 공작물의 면을 깎거나, 나사골을 내거나, 속을 파거나, 측면을 깎기 위해서 사용한다.

3. 工具には、けがき針や弓のこなどがある。

공구에는 레이스 나이프나 실톱 등이 있다.

4. 工具には、その用途によって、穴をあけたりするものや、測定したりするものなどがある。穴をあけたりするものとしては、きりやハンドドリルなどがある。測定したりするものとしては、回路計やマイクロメータなどがある。

공구에는 그 용도에 따라 구멍을 뚫거나 측정하는 것 등이 있다. 구멍을 뚫는 것으로는 송곳이나 핸드 드릴 등이 있다. 측정하는 것으로는 회로계나 마이크로미터 등이 있다.

5. 測定するための工具がある。たとえば、パスである。パスには、また、その用途によって、外パスや内パスなどがある。外パスは、外径を測定するために使われ、内パスは、内径を測定するために使われる。

측정하기 위한 공구가 있다. 예를 들면 캘리퍼스다. 캘리퍼스에는 그 용도에 따라서 외경 캘리퍼스, 내경 캘리퍼스 등이 있다. 외경 캘리퍼스는 외경을 측정하기 위해서 사용되고, 내경 캘리퍼스는 내경을 측정하기 위해서 사용된다.

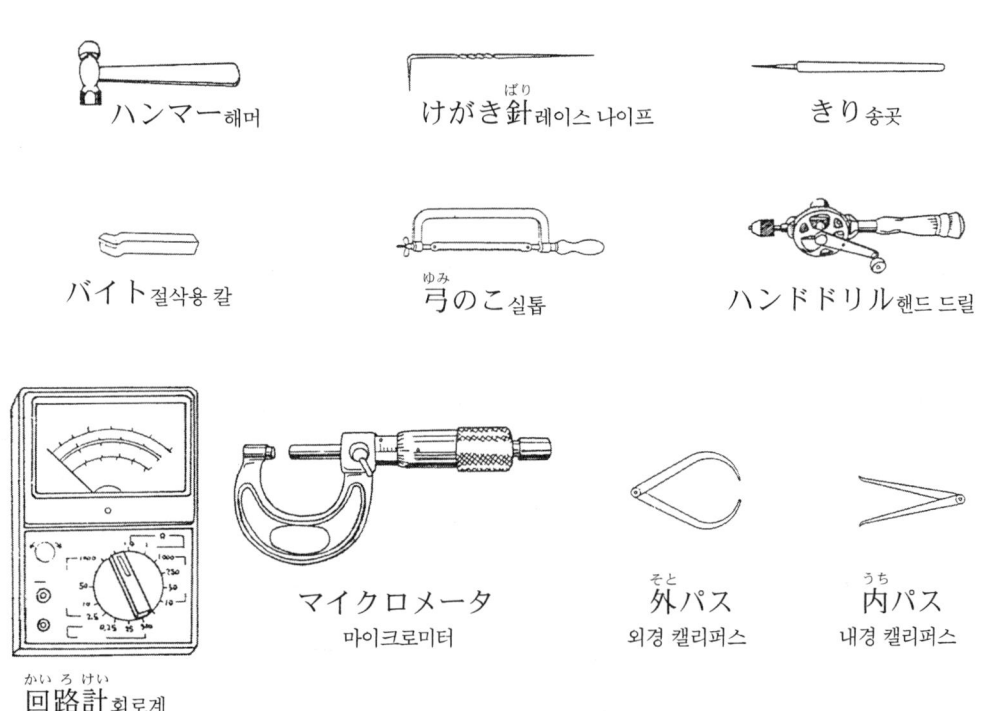

I

1. 例のように言いなさい。 예와 같이 말하시오.

[例] 面削り 면 깎기 → 面を削る作業 면을 깎는 작업

1) ねじ切り 나사 깎기   2) 穴あけ 구멍 뚫기
3) 側面削り 측면 깎기   4) 中ぐり 보링

[例] けがき針 레이스 나이프 → けがきをするための針 금긋기를 하기 위한 바늘

1) 穴あけバイト 구멍 뚫기 바이트   2) ねじ切りバイト 나사 깎는 바이트
3) 仕上げバイト 다듬질 바이트   4) 中ぐりバイト 보링 바이트

[例] 丸やすり 둥근 줄 → 丸い形をしたやすり 둥근 모양을 한 줄
      弓のこ 실톱 → 弓の形をしたのこぎり 활 모양의 톱

1) 丸棒 원형봉   2) 三角やすり 삼각줄
3) だ円やすり 타원줄   4) Vブロック V형 블록

[例] 木ハンマー 나무망치 → 木でできているハンマー 나무로 만들어진 망치

1) プラスチックハンマー 플라스틱 망치   2) 銅ハンマー 구리망치
3) 皮手袋 가죽 장갑   4) ガラス棒 유리봉

[例] しめつける 단단히 죄다 → しめつけ 단단히 죔
      引っ張る 끌어당기다 → 引っ張り 끌어당김

1) 曲げる 구부리다   2) ねじる 비틀다
3) 伸びる 펴지다   4) 仕上げる 마무리하다

2.

1) －断　cutting ; cut

　① 切断する 절단하다　to cut　　② 中断する 중단하다　to interrupt

2) －面　face

　① 側面 측면　side　　③ 平面 평면　plane surface
　③ 曲面 곡면　curved surface　　④ 斜面 사면　slope ; bevel

3) 測－　measuring ; measure

　① 測定する 측정하다　to measure　　② 測量する 측량하다　to survey

4) －定　deciding ; determine

　① 測定する 측정하다　to measure　　② 決定する 결정하다　to decide
　③ 仮定する 가정하다　to suppose

5) －径　diameter

　① 内径 내경　inside diameter　　② 外径 외경　outside diameter
　③ 直径 직경　diameter　　④ 半径 반경　radius

3. 例にならって言いなさい。 예와 같이 말하시오.

　[例]　工作物 공작물 ⟶ 工作するための物 공작하기 위한 것

1) 使用工具 사용 공구　　2) 保護めがね 보호 안경
3) 溶接棒 용접봉　　4) テスト棒 테스트 봉

[例]　ガス溶接 가스 용접　———→　ガスで溶接する方法 가스로 용접하는 방법

1) アーク溶接 아크 용접
2) 電気抵抗溶接 전기 저항 용접
3) ガス切断 가스 절단
4) リベット接合 리벳 접속

Ⅱ

1. 例にならって言いなさい。 예와 같이 말하시오.

[例]　けがきをするための工具　———→　けがきをするために使う工具
　　　선을 긋기 위한 공구　———→　선을 긋기 위해 사용하는 공구

1) 切るための工具 자르기 위한 공구
2) 削るための工具 깎아내기 위한 공구
3) 打つための工具 두드리기 위한 공구
4) たたくための工具 때리기 위한 공구
5) 穴をあけるための工具
　 구멍을 뚫기 위한 공구
6) 工作物を固定するための工具
　 공작물을 고정하기 위한 공구

2. 例のように言いかえなさい。 예와 같이 바꿔 말하시오.

[例]　板金作業をするために使う工具　———→　板金用の工具
　　　판금 작업을 하기 위한 공구　———→　판금용 공구

1) 塗装作業をするために使う工具 도장 작업을 하기 위해 사용하는 공구
2) 溶接作業をするために使う工具 용접 작업을 하기 위해 사용하는 공구
3) 手仕上げ作業をするために使う工具 손 다듬질 작업을 하기 위해 사용하는 공구
4) 木材加工をするために使う工具 목재 가공을 하기 위해 사용하는 공구

3. 例のように前と後ろの部分を結びつけなさい。
예처럼 앞과 뒤의 부분을 연결하시오.

[例] 切ったりするもの자르거나 하는 것＋削ったりするもの깎거나 하는 것
→切ったり削ったりするもの자르거나 깎거나 하는 것

1) 打ったりするもの치거나 하는 것＋たたいたりするもの두드리거나 하는 것
2) 測定したりするもの측정하거나 하는 것＋検査したりするもの검사하거나 하는 것
3) はつったり(＝削り取ったり)するもの＋切断したりするもの
　　　　　　깎아내거나 하는 것　　　　　　　　절단거나 하는 것
4) 工作物を固定したりするもの＋精密な測定をしたりするもの
　　　공작물을 고정하거나 하는 것　　　　정밀한 측정을 하거나 하는 것

Ⅲ

1.　　　A

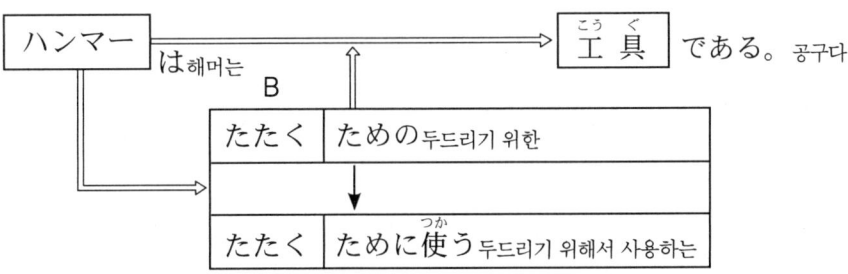

次のA, Bのグループのことばを組み合わせて, 工具を定義する文を作りなさい。 다음 A, B 그룹의 말을 짝지어서 공구를 정의하는 문을 만드시오.

A：種類 종류

- バイト 바이트　けがき針 레이스 나이프
- 弓のこ 실톱　内パス 내경 캘리퍼스
- 外パス 외경 캘리퍼스　回路計 회로계
- マイクロメータ 마이크로미터

B：用途 용도

- 測定する 측정하다
- けがきをする 선을 긋다
- 切断する 절단하다
- 削る 깎다

2.

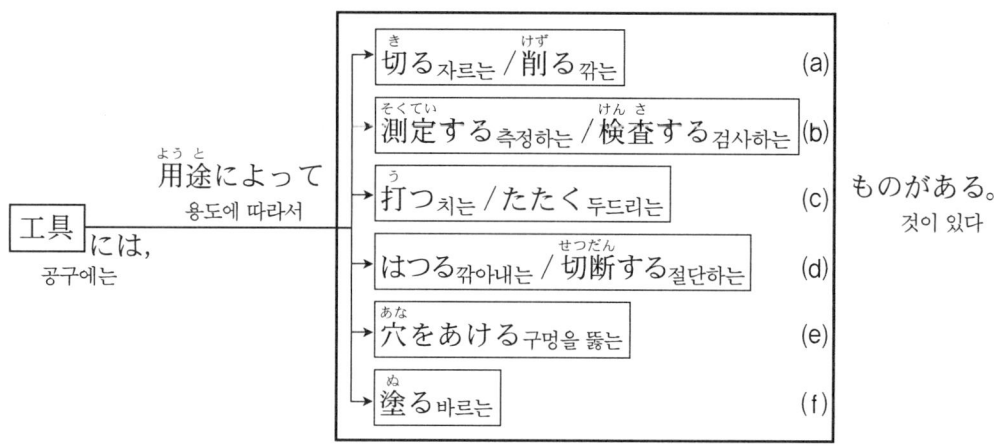

例のように言いなさい。 예처럼 말하시오.

[例] （a）＋（b）→ 工具には用途によって，切ったり削ったりするものや測定したり検査したりするものなどがあります。
공구에는 용도에 따라서 자르거나 깎거나 하는 것이나 측정하거나 조사하거나 하는 것 등이 있습니다.

1) （c）＋（d）　　2) （e）＋（f）　　3) （a）＋（c）　　4) （b）＋（d）

Ⅳ

1.

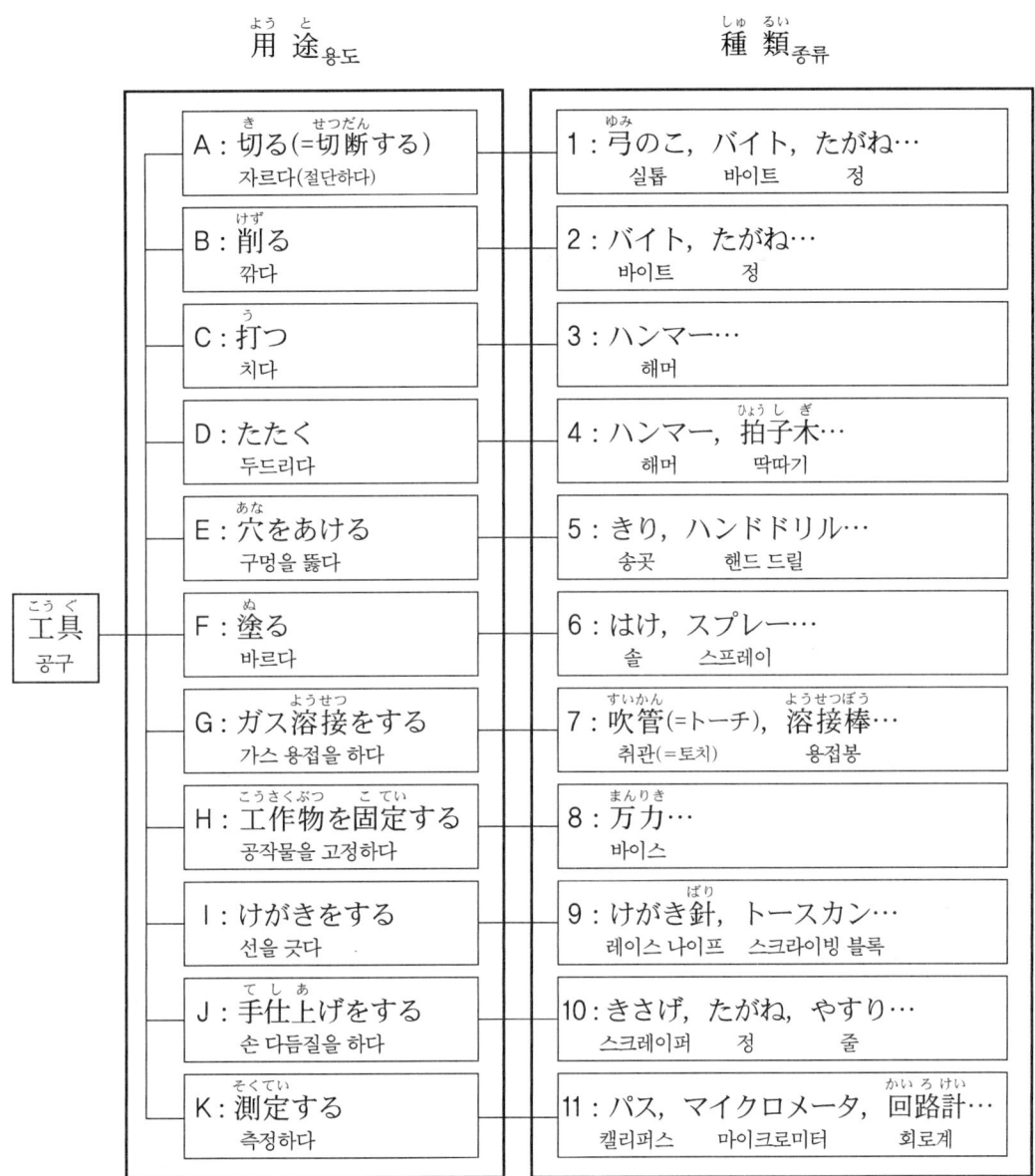

2. 49ページの表を見て例にならって言いなさい。 49쪽 표를 보고 예와 같이 말하시오.

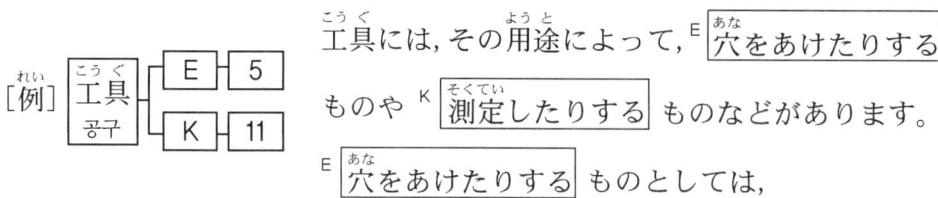

[例] 工具(공구) — E 5 / K 11

工具には, その用途によって, E 穴をあけたりする ものや K 測定したりする ものなどがあります。
E 穴をあけたりする ものとしては,
5 きりやハンドドリルなど があります。K 測定したりする ものとしては,
11 回路計やマイクロメータなど があります。

공구에는 그 용도에 따라서 구멍을 뚫는 것이나 측정을 하는 것 등이 있습니다. 구멍을 뚫는 것으로는 송곳이나 핸드 드릴 등이 있습니다. 측정하는 것으로는 회로계나 마이크로미터 등이 있습니다.

1) 工具(공구) — E 5 / F 6
2) 工具(공구) — H 8 / J 10
3) 工具(공구) — C 3 / I 9
4) 工具(공구) — A 1 / D 4

3.

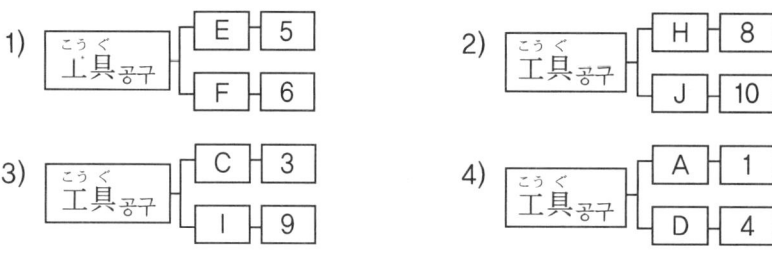

	例(예)	種類(종류)	用途(용도)
測定するための工具 측정하기 위한 공구	パス 캘리퍼스	外パス 외경 캘리퍼스	外径を測定する 외경을 측정하다
		内パス 내경 캘리퍼스	内径を測定する 내경을 측정하다

① 測定するための工具があります。
　측정하기 위한 공구가 있습니다.

② たとえば, パスです。 예를 들면 캘리퍼스입니다.

 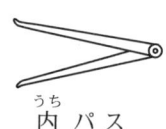

外パス　　　内パス

③ パスには，また，その用途によって外パスや内パスなどがあります。
캘리퍼스는 또 그 용도에 따라서 외경 캘리퍼스나 내경 캘리퍼스 등이 있습니다.

④ 外パスは，外径を測定するために使われ，内パスは，内径を測定するために使われます。
외경 캘리퍼스는 외경을 측정하기 위해 사용되고, 내경 캘리퍼스는 내경을 측정하기 위해서 사용됩니다.

4. 下の表を見て，3の①から④の言い方で言いなさい。
아래의 표를 보고 3의 ①부터 ④의 말하는 법으로 말하시오.

	例 예	種類 종류	用途 용도
切削するための工具 절삭하기 위한 공구	バイト 절삭용 칼	中ぐりバイト 보링 바이트	中をくり広げる 안을 파서 넓히다
		仕上げバイト 다듬질 바이트	仕上げをする 다듬질을 하다
打ったりたたいたりするための工具 치거나 두드리기 위한 공구	ハンマー 망치	板金ハンマー 판금망치	板金加工をする 판금 가공을 하다
		木ハンマー 나무망치	折り曲げたりする 구부리거나 한다
工作物を固定するための工具 공작물을 고정하기 위한 공구	万力 바이스	横万力 벤치(탁상) 바이스	工作物をくわえ(1)固定する 공작물을 물려서 고정한다
		シャコ万力 가재 모양 바이스	工作物を仮締め(2)する 공작물을 임시로 고정한다

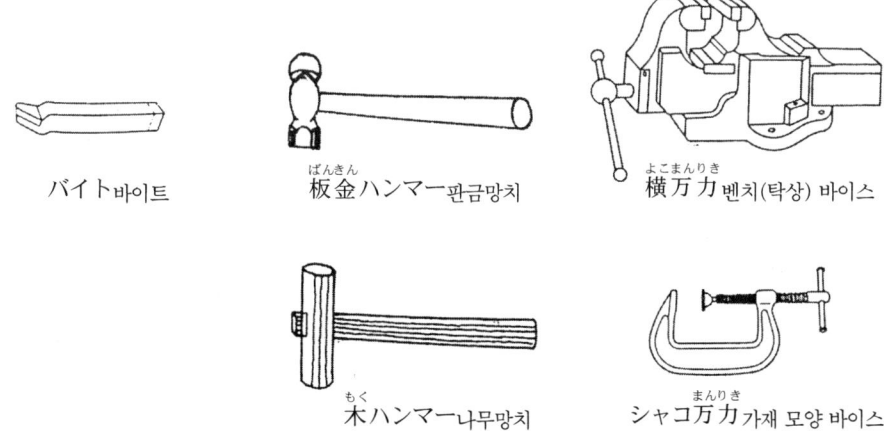

バイト 바이트　　板金ハンマー 판금망치　　横万力 벤치(탁상) 바이스

木ハンマー 나무망치　　シャコ万力 가재 모양 바이스

━━ (1) くわえる 물리다　　(2) 仮締め 임시 고정

이론 과정

第5課

原因と結果 원인과 결과
げんいん　けっか

I

II

III

IV

原因と結果 원인과 결과

1. 機械は，長い間使っているうちに，摩擦を受ける部分が摩耗したり，ひずんだり，あるいは，そこにきれつが生じたりすることがある。主な原因の一つとしては，長い間使用したために起こる金属疲労によるものが考えられる。

   기계는 오랫동안 사용하는 중에 마찰을 받는 부분이 마모하거나 뒤틀리거나 혹은 기계에 균열이 생기거나 하는 경우가 있다. 주요 원인의 하나로는 오랫동안 사용했기 때문에 생기는 금속 피로에 의한 것을 생각할 수 있다.

2. たとえば，自動車のエンジンの場合，バルブを受けるシートの摩耗によって，シリンダ内の圧縮圧力の低下が見られる。これは，シートの金属疲労によるものが主な原因である。

   예를 들면 자동차 엔진의 경우 밸브를 감싸 주는 시트의 마모에 의해서 실린더 내 압축 압력의 저하를 볼 수 있다. 이것은 금속 피로에 의한 것이 주요 원인이다.

3. 摩擦は，金属などを摩耗させる場合もあるが，プラスチックなどに働いて，電気を起こす場合もある。たとえば，プラスチックを紙などで摩擦すると，電気が起こる。

   마찰은 금속 등을 마모시키는 경우도 있지만 플라스틱 등에 작용해서 전기를 일으키는 경우도 있다. 예를 들면 플라스틱을 종이 등으로 마찰하면 전기가 일어난다.

4. また、コイルに棒磁石を出し入れして、コイルの中の磁界を変化させると、コイルに電流が流れる。このように、何かがもとになって、ある現象が起こることがある。

또 코일에 막대자석을 넣다 빼서 코일 속 자기장을 변화시키면 코일에 전류가 흐른다. 이와 같이 뭔가가 근원이 되어 어떤 현상이 일어나는 경우가 있다.

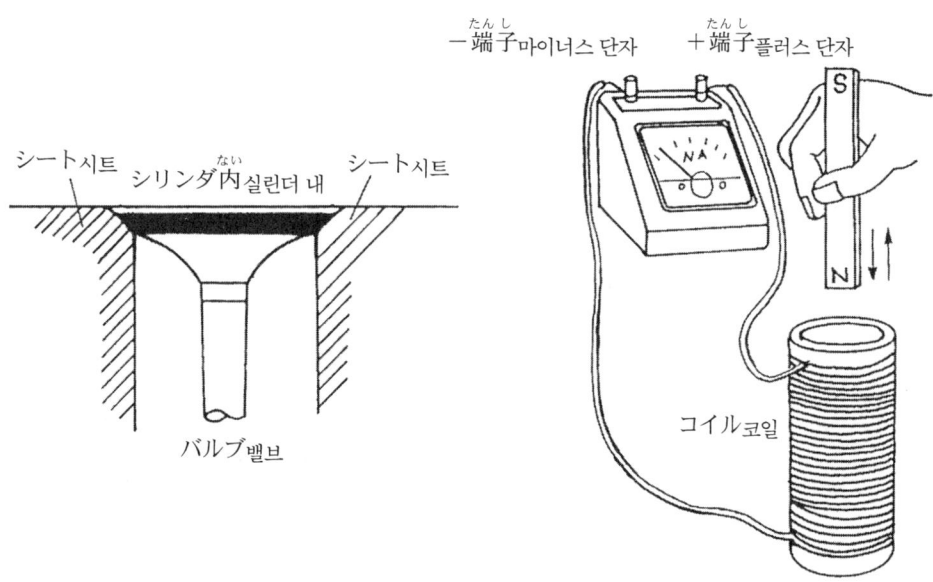

I

1. 例のように言いなさい。 예처럼 말하시오.

[例]　棒磁石を出したり入れたりする 막대자석을 넣다가 뺏다가 한다
　　　⟶ 棒磁石を出し入れする 막대자석을 넣다 뺀다.

1) レバーを上げたり下げたりする 조작봉을 올리거나 내리거나 한다.
2) スプリングがのびたりちぢんだりする 스프링이 늘었다 줄었다 한다.
3) ドアを開けたり閉めたりする 문을 열었다 닫았다 한다.
4) 車や人が出たり入ったりする 차나 사람이 나갔다 들어왔다 한다.

2. 例のように言いなさい。 예처럼 말하시오.

[例]　加熱する 가열하다
　　　⟶ どんどん加熱する 계속 가열하다

1) 水素が 수소가 ＿＿＿＿＿ 発生する 발생하다
2) 温度が 온도가 ＿＿＿＿＿ 上がっていく 올라가다
3) 圧力が 압력이 ＿＿＿＿＿ 下がっていく 내려가다

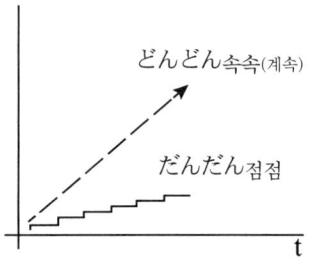
どんどん 속속(계속)
だんだん 점점

3. 次のことばの説明を読んで、下の文の（　　　　）に正しいことばを入れなさい。 다음 단어의 설명을 읽고 아래 문장의 (　　　　)에 바른 말을 넣으시오.

① 磁気 자기 ＝ 鉄を引きつける性質 철을 당기는 성질
② 磁石 자석 ＝ 磁気をもった物体 자기를 가진 물체
③ 磁力 자력 ＝ 磁気の力 자기의 힘
④ 磁界 자기장/磁場 자장 ＝ 磁力の作用する場所 자력 작용을 하는 장소

鉄を引きつける性質, つまり □ をもった物体である □ にはSとNの二つの極があり, それぞれ □ が作用して □ をつくっています。

철을 끌어당기는 성질, 즉 (□)를 가진 물체인 (□)에는 S와 N 2개의 극이 있고, 각각 (□)가 작용해서 (□)를 만들고 있습니다.

4. 電 — 전기   electric

① 電気 전기   electricity
② 電流 전류   electric current
③ 電圧 전압   voltage
④ 電極 전극   electrode
⑤ 電線 전선   electric wire
⑥ 電動 전동   electromotive

5. 元素 원소   element

① 水素 수소   hydrogen
② 酸素 산소   oxygen
③ 窒素 질소   nitrogen
④ 炭素 탄소   carbon
⑤ 塩素 염소   chlorine
⑥ 臭素 취소(브롬)   bromine
⑦ ホウ素 붕소   boron
⑧ フッ素 불소   fluorine
⑨ ケイ素 규소   silicon
⑩ ヒ素 비소   arsenic
⑪ ヨウ素 요오드   iodine

6. 粒子 입자   particle

① 分子 분자   molecule
② 原子 원자   atom
③ 陽子 양자   proton
④ 電子 전자   electron
⑤ 中間子 중간자   meson
⑥ 中性子 중성자   neutron

II

1. 例のように言いなさい。 예와 같이 말하시오.

[例] きれつの発生⁽¹⁾ 균열의 발생
⟶ きれつが発生すること 균열이 발생하는 것

1) 電流の発生 전류의 발생
2) 圧力の低下 압력의 저하
3) 水の蒸発⁽²⁾ 물의 증발
4) 誤差⁽³⁾の発生 오차의 발생
5) 磁界の変化 자기장의 변화
6) 効率⁽⁴⁾の悪化⁽⁵⁾ 효율의 악화

2. 例のように言いなさい。 예와 같이 말하시오.

[例] 疲労⁽⁶⁾によるきれつの発生 피로에 의한 균열의 발생
⟶ 疲労によってきれつが発生します。 피로에 의해 균열이 발생합니다.

1) 加熱⁽⁷⁾による水の蒸発
   가열에 의한 물의 증발
2) 摩耗によるすき間⁽⁸⁾の発生
   마모에 의한 틈의 발생
3) 摩擦による電気の発生
   마찰에 의한 전기의 발생
4) 電気による水の分解⁽⁹⁾
   전기에 의한 물의 분해
5) 酸化⁽¹⁰⁾による酸化物⁽¹¹⁾の発生
   산화에 의한 산화물의 발생
6) 計器⁽¹²⁾のくるい⁽¹³⁾による誤差の発生
   계기 고장에 의한 오차의 발생

∘━(1) 発生 발생　(2) 蒸発 증발　(3) 誤差 오차　(4) 効率 효율　(5) 悪化 악화　(6) 疲労 피로
(7) 加熱 가열　(8) すき間 (빈)틈　(9) 分解 분해　(10) 酸化 산화　(11) 酸化物 산화물
(12) 計器 계기　(13) くるい 고장, 기계의 이상

Ⅲ

1.

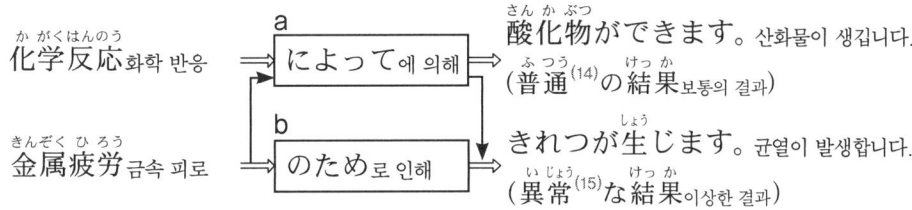

1) 上の図のaの形で言いなさい。 위 그림의 a 형태로 말하시오.

(1) 加熱 가열　　　　　　水が蒸発します。 물이 증발합니다

(2) 電気分解 전기분해　　水が水素と酸素に分かれます。 물이 수소와 산소로 나누어집니다.

(3) 摩擦 마찰　　　　　　電気が起きます。 전기가 일어납니다.

(4) 磁石 자석　　　　　　電流が発生します。 전류가 발생합니다.

2) 上の図のaとbの形で言いなさい。 위 그림의 a와 b의 형태로 말하시오.

(1) 計器のくるい 계기의 고장　　　　誤差が生じます。 오차가 발생합니다.

(2) 摩耗 마모　　　　　　　　　　　すき間ができます。 틈이 생깁니다.

(3) バルブとシートの密着不良　　　シリンダ内の圧縮圧力が下がります。
　　밸브와 시트의 밀착 불량　　　　실린더 안의 압축 압력이 떨어집니다.

---

(14) 普通 보통　　(15) 異常 이상

2.

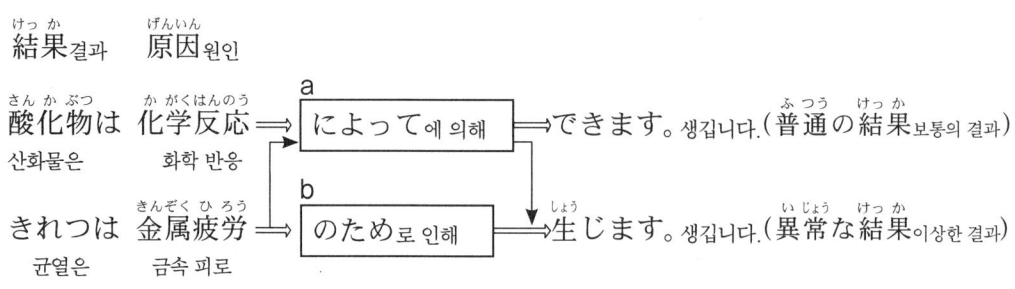

結果　原因

酸化物は　化学反応 → a によって에 의해 → できます。 생깁니다.（普通の結果 보통의 결과）

きれつは　金属疲労 → b のため 로 인해 → 生じます。 생깁니다.（異常な結果 이상한 결과）

1.の1) と2) のことばを使って練習しなさい。 1.의 1)과 2)의 단어를 사용해서 연습하시오.

IV

1. 例のように, 文を二つに分けなさい。 예와 같이 문장을 2개로 나누시오.

[例]　コイルに棒磁石を出し入れして, コイルの中の磁界を変化させる　と,　コイルに電流が流れます

코일에 막대자석을 넣다 뺏다 해서 코일 중에 자기장을 변화시키면, 코일에 전류가 흐릅니다.

→　コイルに棒磁石を出し入れして, コイルの中の磁界を変化させます。　すると,　コイルに電流が流れます

코일에 막대자석을 넣다 뺏다해서 코일 안에 자기장을 변화시킵니다. 그러면 코일에 전류가 흐릅니다.

1)　フラスコの中の水をどんどん加熱する　と,　水が沸騰して[16] 水蒸気が発生します

플라스크(내열성 유리병) 안의 물을 계속해서 가열하면, 물이 끓어서 수증기가 발생합니다.

2)　水を電気分解する　と,　水は水素と酸素に分かれます

물을 전기분해하면, 물은 수소와 산소로 나누어집니다.

3)　プラスチックを紙で摩擦する　と,　電気が起きます

플라스틱을 종이로 마찰하면, 전기가 일어납니다.

- -

(16) 沸騰する 끓어오르다

2. 例のように言いなさい。 예와 같이 말하시오.

[例] 明りが十分でないと、どんなことになりますか。
불빛이 충분하지 않으면 어떻게 됩니까?

| 明りが十分でない(17)と、物がよく見えず、正確な作業がしにくいです。
불빛이 충분하지 않으면 사물이 잘 보이지 않아 정확한 작업을 하기 어렵습니다. | それで
그래서
そのため
그 때문에 | 仕事の効率が悪くなるおそれがあります。
일의 효율이 나빠질 우려가 있습니다. |

1) 換気が悪いと、どんなことになりますか。 환기가 안 되면 어떻게 됩니까?

_____、新鮮(18)な空気が不足して(19)、健康(20)に悪いです。 신선한 공기가 부족해서 건강에 나쁩니다.

2) 工具がそろっていないと、どんなことになりますか。
공구가 갖춰지지 않으면 어떻게 됩니까?

_____、必要な作業ができません。
필요한 작업을 할 수 없습니다.

3) 機械などの点検、調整ができていないと、どんなことになりますか。
기계 등의 점검, 조정이 되지 않으면 어떻게 됩니까?

_____、作業中故障する(21)ことがあります。 작업 중 고장 나는 일이 있습니다.

➡ (17) 十分でない 충분하지 않다　(18) 新鮮 신선　(19) 不足して 부족해서　(20) 健康 건강
(21) 故障する 고장나다

3. 摩擦によって電気が起きるわけ[22] 마찰에 의해서 전기가 발생하는 이유

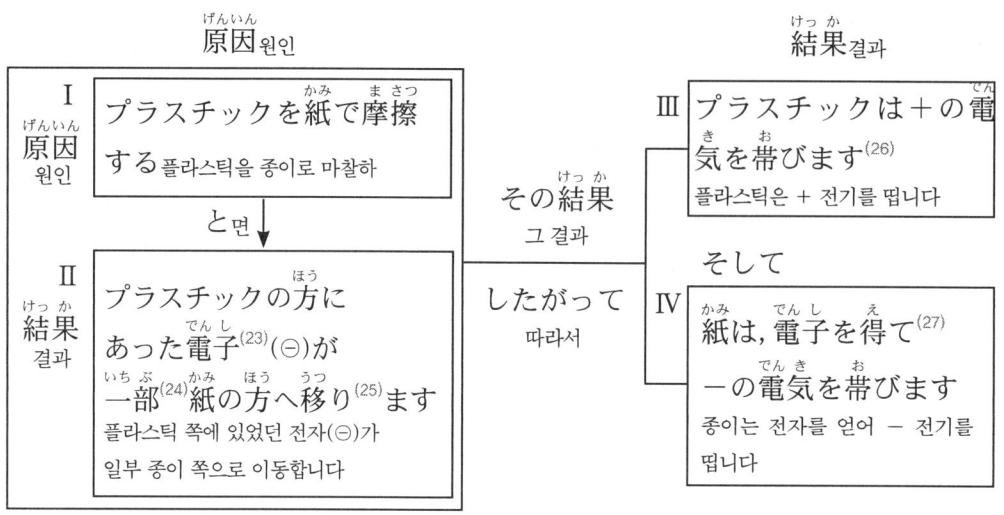

1) 下の図を見ながら、もう一度説明しなさい。
아래 그림을 보면서 다시 한 번 설명하시오.

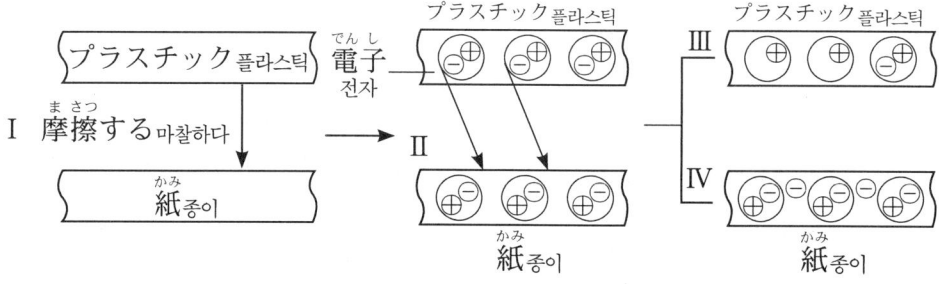

●→ (22) わけ 이유   (23) 電子 전자   (24) 一部 일부   (25) 移る 이동하다.   (26) 帯びる 띠다
(27) 得る 얻다

4. シリンダ内の圧縮圧力の低下 실린더 내 압축 압력의 저하

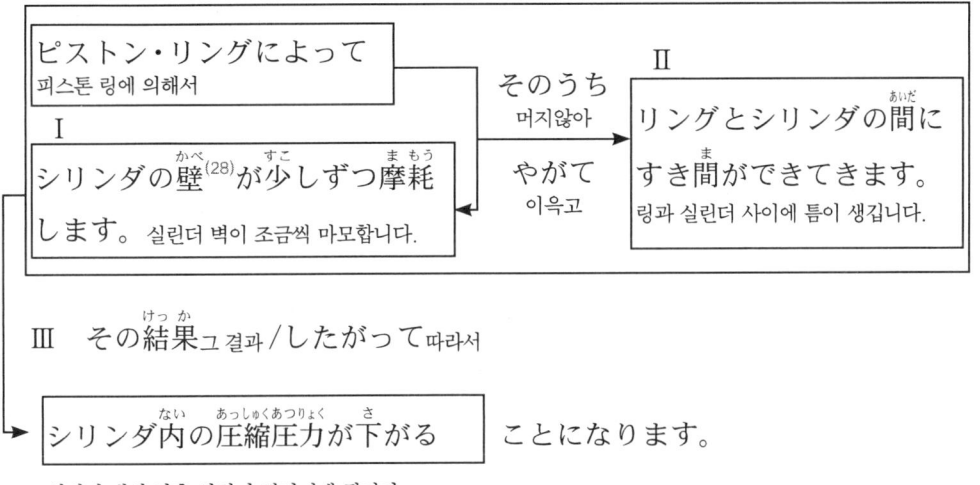

1) 下の図を見ながら，もう一度説明しなさい。
아래의 그림을 보면서 다시 한 번 설명하시오.

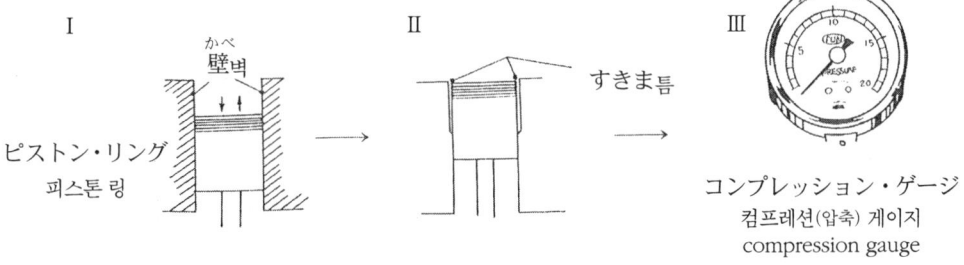

━━ (28) 壁 벽

이론 과정

第6課

変化と対応 변화와 대응

I
II
III
IV

変化と対応 변화와 대응

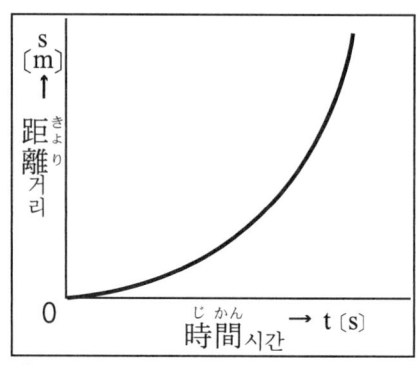

図1 落下する物体の距離と時間の関係
그림 1 낙하하는 물체의 거리와 시간의 관계

1. 図1のグラフは、落下する物体の距離と時間の関係を示している。
그림 1의 그래프는 낙하하는 물체의 거리와 시간의 관계를 나타내고 있다.

グラフの曲線を見れば分かるように、物体が落下する距離は時間の経過とともに急激に大きくなっていく。
그래프의 곡선을 보면 알 수 있듯이, 물체가 낙하하는 거리는 시간의 경과와 함께 급격하게 커진다.

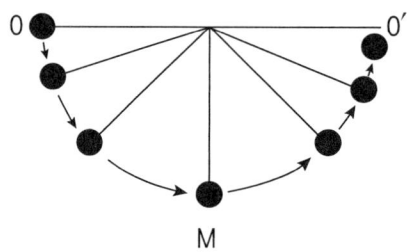

図2 物体の運動とエネルギーの関係
그림 2 물체의 운동과 에너지의 관계

2. 図2において、鉄の玉は落下にともなって次第に速度を増していき、M点で速度が最大になる。
그림 2에서 쇠구슬은 낙하와 함께 점차 속도가 증가하고, M점에서 속도가 최대로 된다.

M点を過ぎると玉は上がっていく。それにつれて, 速度は遅くなっていく。そして, 0ダッシュ(0′)で一時停止し, そのあとは, 逆の方向に同じ運動を繰り返して, 最後にM点で停止する。

M점을 지나면 구슬은 올라간다. 그것에 따라서 속도는 느려진다. 그리고 0대시(0′)에서 일시 정지하고 그 후는 반대 방향으로 같은 운동을 반복해서 최후에 M점에서 정지한다.

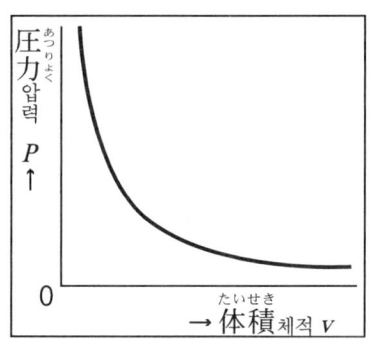

図3 気体の圧力と体積の関係 ⇨ ボイルの法則
그림 3 기체의 압력과 체적의 관계 ⇨ 보일의 법칙(Boyle's law)

3. また, 図3のグラフにおいては, 圧力の上昇にしたがって気体の体積が小さくなり, 逆に, 圧力の低下にしたがって体積が大きくなるという変化の様子を表している。

또 그림 3의 그래프에서는 압력 상승에 따라서 기체의 용적이 작아지고, 반대로 압력 저하에 따라서 체적이 커지는 변화의 모습을 나타내고 있다.

I

1. 「〜さ」 程度(1)を表す。 정도를 나타낸다.

a. 重い 무겁다 (heavy) → 重さ 무게 (weight) = 重量 중량 (weight)
   硬い 단단하다 (hard) → 硬さ 단단함 (hardness) = 硬度 경도 (hardness)
   濃い 진하다 (dense) → 濃さ 진함 (density) = 濃度 농도 (density)
   強い 강하다 (strorng) → 強さ 강함 (strength) = 強度 강도 (strength)
   速い 빠르다 (fast) → 速さ 빠름 (speed) = 速度 속도 (speed)
   広い 넓다 (wide) → 広さ 넓음 (area) = 面積 면적 (area)

b. 丈夫な 견고한 (solid) → 丈夫さ 튼튼함 (solidity)
   正確な 정확한 (exact) → 正確さ 정확함 (exactitude)
   精密な 정밀한 (precise) → 精密さ 정밀함 (precision) cf. 精度 정밀도 (accuracy)
   丁寧な 정중한 (minute) → 丁寧さ 정중함 (minuteness)
   複雑な 복잡한 (complicated) → 複雑さ 복잡함 (complexity)

2. 「〜み」 形や感じ(2)を表す。 형태나 느낌을 나타낸다.

丸い 둥글다 (round) → 丸み 둥그스름한 모양 (roundness)
厚い 두껍다 (thick) → 厚み 두꺼움 (thickness)

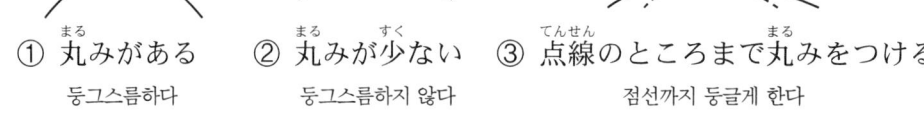

① 丸みがある　② 丸みが少ない　③ 点線のところまで丸みをつける
　둥그스름하다　　둥그스름하지 않다　　점선까지 둥글게 한다

① 厚みがある 두껍다　② 厚みが少ない 두껍지 않다

---

(1) 程度 정도　(2) 感じ 느낌

3. 「〜め」 ＋α, －αの意味を表す。 +α, -α의 의미를 나타낸다.

例にならって言いなさい。 예와 같이 말하시오.

[例] 薄い 얇다 → 薄すぎる 너무 얇다 → ちょっと薄すぎるから
조금 지나치게 얇기 때문에
厚い 두껍다 → 厚め 두툼함
もう少し厚めにしたほうがいいです。
좀 더 두껍게 하는 편이 좋습니다.

1) 太い 굵다 / 細い 가늘다　2) 長い 길다 / 短い 짧다　3) 高い 높다 / 低い 낮다　4) 多い 많다 / 少ない 적다

4. 同じような意味の二つの漢字でできたことば。
비슷한 의미를 가진 2개의 한자로 이루어진 말.

1) 落 ＋ 下 → 落下 낙하
falling　down　falling

2) 低 ＋ 下 → 低下 저하
lowering　drop

3) 上 ＋ 昇 → 上昇 상승
up　rising　uprise

4) 通 ＋ 過 → 通過 통과
passing　through　passing

5) 経 ＋ 過 → 経過 경과
lapsing　lapse

6) 運 ＋ 動 → 運動 운동
moving　movement

7) 停 ＋ 止 → 停止 정지
stopping　stop

8) 距 ＋ 離 → 距離 거리
be distant　distance

9) 方 ＋ 向 → 方向 방향
directing　direction

10) 変 ＋ 化 → 変化 변화
changing　change

11) 関 ＋ 係 → 関係 관계
relating　relation

12) 急 ＋ 激 → 急激(な) 급격(한)
sudden&sharp　abrupt

13) 反 ＋ 対 → 反対 반대
counter　opposite

14) 法 ＋ 則 → 法則 법칙
law&rule　law(science)

II

例にならって言いなさい。
예와 같이 말하시오.

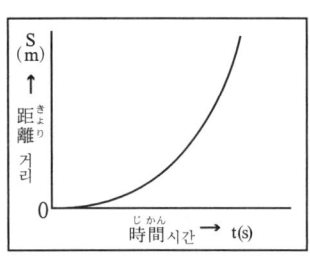

落下する物体 낙하하는 물체
時間 시간
距離 거리

[例] 落下する物体における時間と距離の関係を示すグラフ 낙하하는 물체의 시간과 거리의 관계를 나타내는 그래프

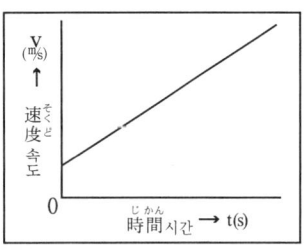

1) 落下する物体 낙하하는 물체
   時間 시간
   速度 속도

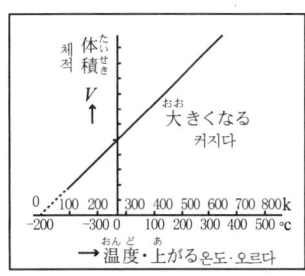

2) 気体 기체
   温度 온도
   体積 체적

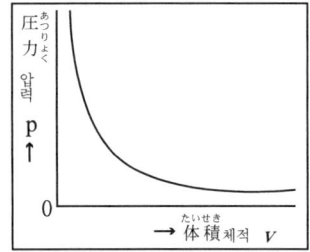

3) 気体 기체
   圧力 압력
   体積 체적

第6課　変化と対応 변화와 대응　71

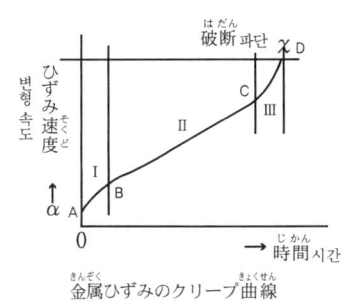

金属ひずみのクリープ曲線
금속 변형 크리프 곡선

4) 金属금속
　　時間시간
　　ひずみ速度변형 속도

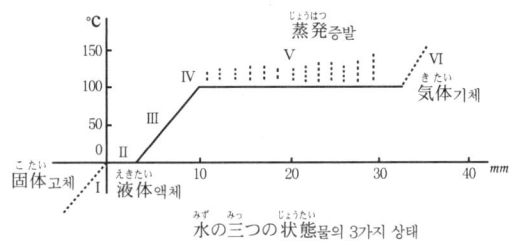

水の三つの状態 물의 3가지 상태

5) 水물
　　温度온도
　　水の三つの状態
　　물의 3가지 상태

III

1. 図を見ながら,例のように言いなさい。 그림을 보면서 예와 같이 말하시오.

xの値 x값	1	2	3	4	5	6	7	8	…	(変わる 변하다)
yの値 y값	0.5	1.0	1.5	2.0	2.5	3.0	3.5	4.0	…	(変わる 변하다)

［例］　xの値が変わるにつれて，　yの値も変わります。
　　　　　　　　にしたがって，

　　x값이 변함에　　따라서　　y값도 변합니다

1)

時間 시간 (t)	0	1	2	3	4	…	(経つ 지나다)
落下距離 낙하 거리 (S)	0	4.9	19.6	44.1	78.4	…	(大きくなる 커지다)

(落下距離 낙하 거리＝distance fallen)

2)

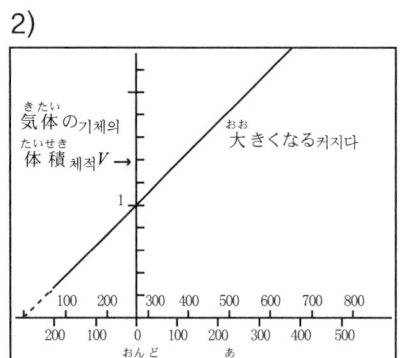

(K＝ケルビン켈빈 Kelvin. 0K＝-273℃)

気体の圧力が一定のとき, ＿＿＿＿＿
기체의 압력이 일정할 때, ＿＿＿＿＿

シャルルの法則샤를의 법칙(Charles's law)

2. 上の例は, 次のように言うことができます。例のように練習しなさい。
위의 예는 다음과 같이 말할 수 있습니다. 예와 같이 연습하시오.

[例]　xの値の変化 x값의 변화 ……………… yの値も変わる y값도 변한다

→ xの値の変化　　　　　　　　　　　yの値も変わります。
　　x값의 변화　　にしたがって에 따라서　　y값도 변합니다.
　　　　　　　　　にともなって에 동반하여
　　　　　　　　　とともに와 함께

1) 時間の経過시간의 경과 ……… 落下距離も大きくなる낙하 거리도 커진다
2) 温度の上昇온도의 상승 ……… 気体の体積も大きくなる기체의 용적도 커진다
3) 時間の経過시간의 경과 ……… 金属のひずみ速度はいろいろ変化する
　　　　　　　　　　　　　　　　금속의 변형 속도는 여러 가지로 변화한다

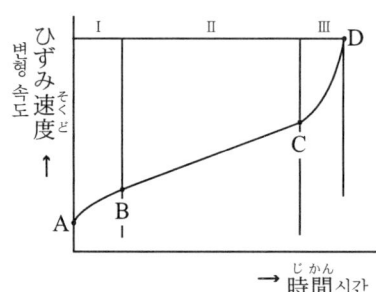

Ⅳ

1. 次の言いかたを練習しなさい。 다음의 어투를 연습하시오.

| xの値が1, 2, 3…と変化すると |
| x값이 1, 2, 3…으로 변화하면 |

| 時間が1秒, 2秒, 3秒… |
| と経過すると |
| 시간이 1초, 2초, 3초… |
| 로 경과하면 |

| 温度が100℃, 200℃, 300℃… |
| と上昇すると |
| 온도가 100℃, 200℃, 300℃… |
| 로 상승하면 |

| 時間が経過すると |
| 시간이 경과하면 |

それにしたがって,
그것에 따라.

それにともなって,
그것에 동반하여.

それとともに,
그것과 함께.

| yの値も0.5, 1.0, 1.5というように変化する |
| y값도 0.5, 1.0, 1.5처럼 변화한다 |

| 落下距離も, 毎秒4.9m, 19.6m, 44.1mと |
| いうように大きくなる |
| 낙하 거리도 매초 4.9m, 19.6m, 44.1m처럼 |
| 커진다 |

| 物体の体積も大きくなる |
| 물체의 용적도 커진다 |

| 一定の(3)荷重(4)を受けた金属の |
| ひずみ速度はいろいろに変化する |
| 일정한 하중을 받은 금속의 변형 속도는 |
| 여러 가지로 변화한다 |

2. 下の表(5)や図を見ながら, それぞれの関係を説明しなさい。
다음 표나 그림을 보면서 각각의 관계를 설명하시오.

1)

| xの値 x값 | 0 | 2 | 4 | 6 | … |

| yの値 y값 | 8.0, | 8.8, | 9.6, | 10.4 | … |

2)

| おもり(6)の おもさ[g] 추의 무게 | 25 | 50 | 75 | 100 | … |

| スプリングの のび(7)[cm] 스프링의 신장 | 0.9, | 1.8, | 2.6, | 3.4 | … |

➥ (3) 一定の 일정한 (4) 荷重 하중 (5) 表 표 (6) おもり 추 (7) のび 신장

3)

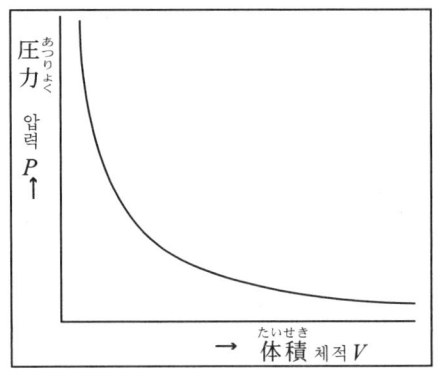

気体の圧力 기체의 압력 ＿＿＿＿＿ 면
⋮
その体積 그 체적 ＿＿＿＿＿。

4) グラフを見ながら, 下の文を完成しなさい。 그래프를 보면서 아래 문장을 완성하시오.

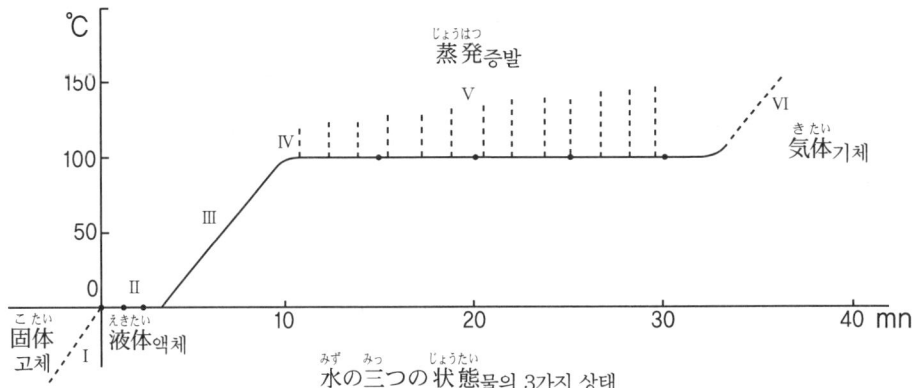

水の三つの状態 물의 3가지 상태

Ⅰ. 0℃までは, 氷つまり ＿＿＿＿ の状態ですが,
   0℃까지는 얼음, 즉 ＿＿ 의 상태입니다만,

Ⅱ. 0℃を過ぎると, 溶けはじめ, 水つまり ＿＿＿＿ の状態になります。
   0℃를 넘으면 녹기 시작해서 물, 즉 ＿＿ 의 상태가 됩니다.

Ⅲ. そのあと, しばらくすると[8], 時間の経過 ＿＿＿＿ 温度が上がっていき,
   그 다음 잠시 후에 시간의 경과 ＿＿ 온도가 올라가,

Ⅳ. 100℃に達する[9]と, 温度はもうこれ以上は[10] ＿＿＿＿。
   100℃에 달하면 온도는 이제 이 이상은 ＿＿

Ⅴ. しかし, その間も, 水は ＿＿＿＿ を続けます。
   그러나 그 사이에도 물은 ＿＿ 를 계속합니다.

---

(8) しばらくすると 잠시 후에   (9) 達する 달하다, 도달하다   (10) これ以上は 이 이상은

Ⅵ. 時間が30分を ☐ と，水はどんどん蒸発して，水蒸気つまり ☐ の状態になります。

시간이 30분을 ☐면, 물은 점점 증발해서, 수증기 즉 ☐의 상태가 됩니다.

5) グラフを見ながら，文を完成しなさい。 그래프를 보면서 문장을 완성하시오.

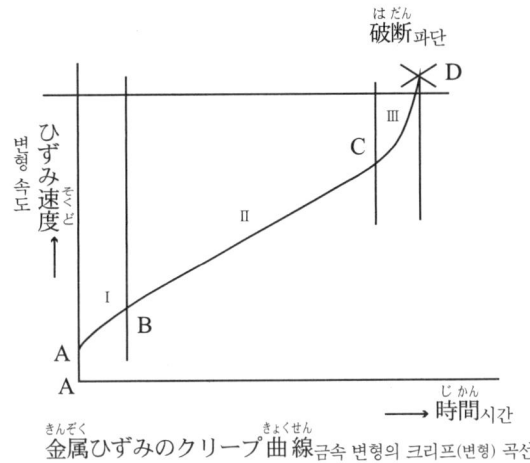

金属ひずみのクリープ曲線 금속 변형의 크리프(변형) 곡선

Ⅰ. 第1次⁽¹¹⁾クリープ⁽¹²⁾では，AからBの間は時間の経過 ☐ ひずみ速度が減少⁽¹³⁾します。

제1차 변형에서는 A에서 B 사이는 시간의 경과 ☐ 변형 속도가 감소합니다.

Ⅱ. 第2次クリープでは，BからCの間はひずみ速度が一定となる ☐ ，直線になっています。

제2차 변형에서는 B에서 C 사이는 변형 속도가 일정하게 되는 ☐ , 직선으로 되어 있습니다.

Ⅲ. 第3次クリープでは，CからDの間はひずみ速度が急激に ☐ して，金属はD点で ☐ します。

제3차 변형에서는 C에서 D 사이는 변형 속도가 급속하게 ☐ 해서 금속은 D점에서 ☐ 합니다.

----

(11) 第1次 제1차 (12) クリープ 시간의 경과와 함께 생기는 재료의 영구 변형 (13) 減少 감소

이론 과정

第7課

条件と結果 조건과 결과

I
II
III
IV

条件と結果 조건과 결과

1. ガソリン機関は,燃料と空気の混合気を吸い込み,圧縮し,燃焼させ,燃焼の終わったガスを排出するという四つの作用をくりかえして動力を発生させている。この作用のくりかえしをサイクルという。ガソリン機関には,4サイクルと2サイクル機関がある。

가솔린 기관은 연료와 공기의 혼합기를 빨아들이고, 압축하고 연소시켜 연소가 끝난 가스를 배출하는 4개의 작용을 반복해서 동력을 발생시키고 있다. 이 작용의 반복을 사이클이라고 한다. 가솔린 기관에는 4 사이클과 2 사이클 기관이 있다.

4サイクル機関の作用
4 사이클 기관의 작용

(1) ピストンが下がるとき,排気弁が閉じ,吸入弁が開くようになっている。そうすると,混合気が吸いこまれる。

피스톤이 내려갈 때, 배기 밸브가 닫히고, 흡입 밸브가 열리게 되어 있다. 그러면 혼합기가 빨려 들어간다.

(2) ピストンが上がるとき,吸入弁が閉じるようになっている。そうすると,混合気がシリンダの中に閉じこめられ,圧縮される。

피스톤이 올라갈 때, 흡입 밸브가 닫히게 되어 있다. 그러면 혼합기가 실린더 안에 갇혀 압축된다.

(3) 圧縮された混合気は,圧縮作用が終わるとき,点火されて爆発し,圧力の高いガスとなる。そうすると,ピストンが大きい力でおし下げられる。

압축된 혼합기는 압축 작용이 끝날 때 점화되어 폭발하고 압력이 높은 가스가 된다. 그러면 피스톤이 큰 힘으로 내려갈 수 있다.

(4) ピストンが上がるとき, 排気弁が開くようになっている。そうすると, 燃焼ガスが排出される。
피스톤이 올라갈 때 배기 밸브가 열리게 되어 있다. 그러면 연소 가스가 배출된다.

2. けがき針で, けがき線をひく場合(＝とき), けがき針と工作物のなす角度を60°ぐらいにする。この場合(＝このとき), けがき針の角度が大きすぎると, 針先がスケールから離れてしまう。
레이스 나이프(금긋기 바늘)로 금긋기 선을 긋는 경우(=때) 레이스 나이프와 공작물이 이루는 각도를 60° 정도로 한다. 이 경우(=이때) 레이스 나이프의 각도가 너무 크면 바늘 끝이 눈금으로부터 멀어져 버린다.

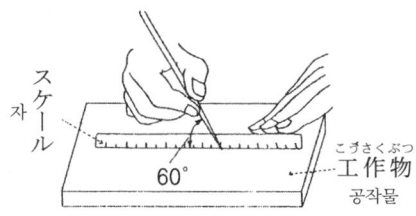

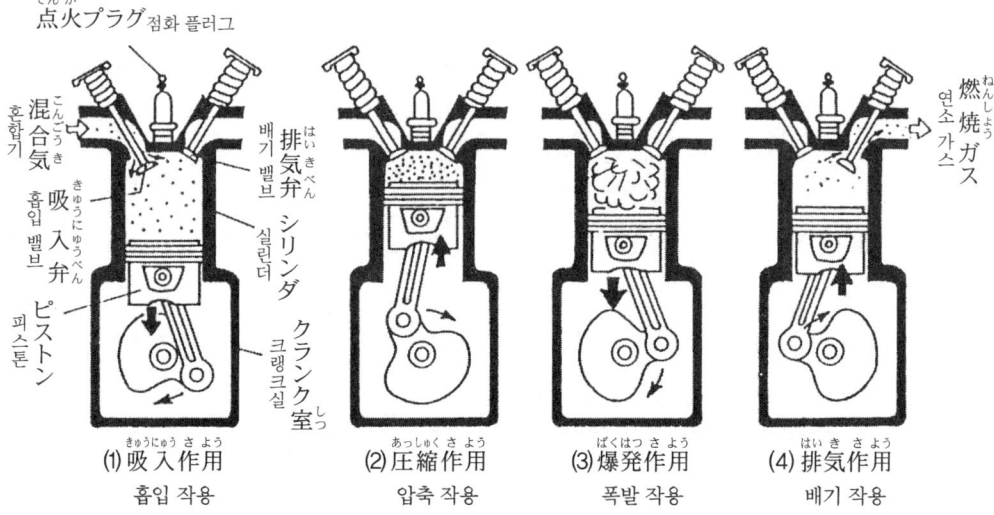

(1) 吸入作用 흡입 작용
(2) 圧縮作用 압축 작용
(3) 爆発作用 폭발 작용
(4) 排気作用 배기 작용

I

1.

1) ―料 material

① 燃料연료 fuel　　② 原料원료 raw material
③ 材料재료 material

2) 圧― press

① 圧縮する압축하다 compress　　② 圧延する압연하다 roll
③ 圧力압력 pressure

3) ―室 room

① クランク室크랭크실 crank chamber　　② 空気室공기실 air chamber
③ 燃焼室연소실 combustion chamber　　④ 動力室동력실 power house

4) ―度 degree

① 角度각도 angle　　② 温度온도 temperature
③ 湿度습도 humidity　　④ 感度감도 sensitivity

2. 例にならって言いかえなさい。 예와 같이 바꿔 말하시오.

[例] 温度の低下 온도의 저하(下がる 내려가다) → 温度が下がること 온도가 내려가는 것

1) 温度の上昇 온도의 상승(上がる 올라가다)
2) 混合気の燃焼 혼합기의 연소(燃える 타다)
3) 熱の発生 열의 발생(出る 나오다)
4) 排気弁の閉鎖 배기 밸브의 폐쇄(閉じる 닫다)

[例] 混合気の吸入 혼합기의 흡입(吸いこむ 빨아들이다)
　　→ 混合気を吸いこむこと 혼합기를 빨아들이는 것

1) 角度の測定(測る 측정하다)
   각도의 측정
2) けがき針の使用(使う 사용하다)
   레이스 나이프의 사용
3) 燃焼ガスの排出(出す 나오다)
   연소가스의 배출
4) 四つの作用の反復(くりかえす 반복하다)
   4개 작용의 반복

[例] 吸入作用 흡입 작용 → 吸入する作用 흡입하는 작용

1) 圧縮作用 압축 작용
2) 爆発作用 폭발 작용
3) 排気作用 배기 작용

[例] おし下げる 눌러 내리다 → おして下げる 눌러서 내리다

1) おし上げる 밀어 올리다
2) おし曲げる 눌러 구부리다
3) おし広げる 펴서 넓히다
4) おしちぢめる 눌러 좁히다

3. 次のことばを読んで, 下の文のます(□)に正しいものを入れなさい。
다음 말을 읽고, 아래 문장의 빈칸(□)에 바른 것을 넣으시오.

① 閉じこめられた混合気を圧縮する作用 갇힌 혼합기를 압축하는 작용
② 爆発作用 폭발 작용
③ 混合気を吸いこむ作用 혼합기를 빨아들이는 작용
④ 排気作用 배기 작용

ガソリン機関は, 吸入作用, 圧縮作用, 爆発作用, 排気作用の四つの作用をくりかえして動力を発生させています。

가솔린 기관은 흡입 작용, 압축 작용, 폭발 작용, 배기 작용의 4개 작용을 반복해서 동력을 발생시키고 있습니다.

吸入作用というのは, ＿＿＿＿＿＿＿＿＿＿＿ で, 圧縮作用は,
＿＿＿＿＿＿＿＿＿＿＿ です。
흡입 작용이라고 하는 것은 ＿＿＿＿＿ 이고, 압축 작용은 ＿＿＿＿＿ 입니다.

混合気が爆発し膨張する作用を ＿＿＿＿ といい, 燃焼の終わったガスを排出する作用を ＿＿＿＿ といいます。
혼합기가 폭발해서 팽창하는 작용을 ＿＿ 라 하고, 연소가 끝난 가스를 배출하는 작용을 ＿＿ 라 합니다.

| 吸入作用 | → | 圧縮作用 | → | 爆発作用 | → | 排気作用 |
| 흡입 작용 | | 압축 작용 | | 폭발 작용 | | 배기 작용 |

II

1. 例にならって言いなさい。 예와 같이 말하시오.

[例]

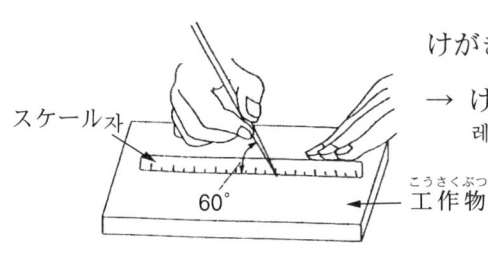

けがき針 레이스 나이프, 工作物 공작물, 角度 각도
→ けがき針と工作物のなす角度
레이스 나이프와 공작물이 이루는 각도

スケール 자
工作物 공작물

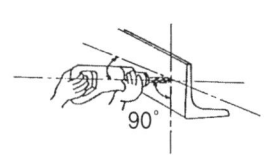

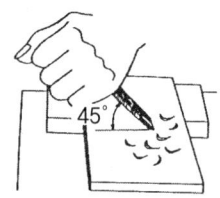

1) 電気ドリル, 工作物, 角度
　 전기 드릴　 공작물　 각도

2) 平たがね, 工作物, 角度
　 평형 정　 공작물　 각도

3) 平きさげ, 工作物, 角度
　 평스크레이퍼　공작물　 각도

2. 例にならって言いかえなさい。 예와 같이 바꿔 말하시오.

[例] けがき針 레이스 나이프, けがき線をひく 금긋기 선을 그리다

→ けがき針でけがき線をひく {場合 경우 / とき 때} の角度
레이스 나이프로 금긋기 선을 그릴 의 각도

1) 平たがね 평형 정, 板材を切断する 판재를 절단하다
2) 平きさげ 평스크레이퍼, 切削する 절삭하다
3) 電気ドリル 전기 드릴, 穴あけ作業をする 구멍 뚫기 작업을 하다

3. 上の1), 2), 3)のそれぞれの場合の角度は, 何度ですか。1の絵を参考にして答えなさい。 위의 1), 2), 3)의 각각의 각도는 몇 도입니까? 1의 그림을 참고로 해서 대답하시오.

1)の場合は 1)의 경우는 ＿＿＿＿＿＿＿＿＿＿＿＿＿＿ です。 입니다.
2)の場合は 2)의 경우는 ＿＿＿＿＿＿＿＿＿＿＿＿＿＿ です。 입니다.
3)の場合は 3)의 경우는 ＿＿＿＿＿＿＿＿＿＿＿＿＿＿ です。 입니다.

Ⅲ

1. しくみ 구조

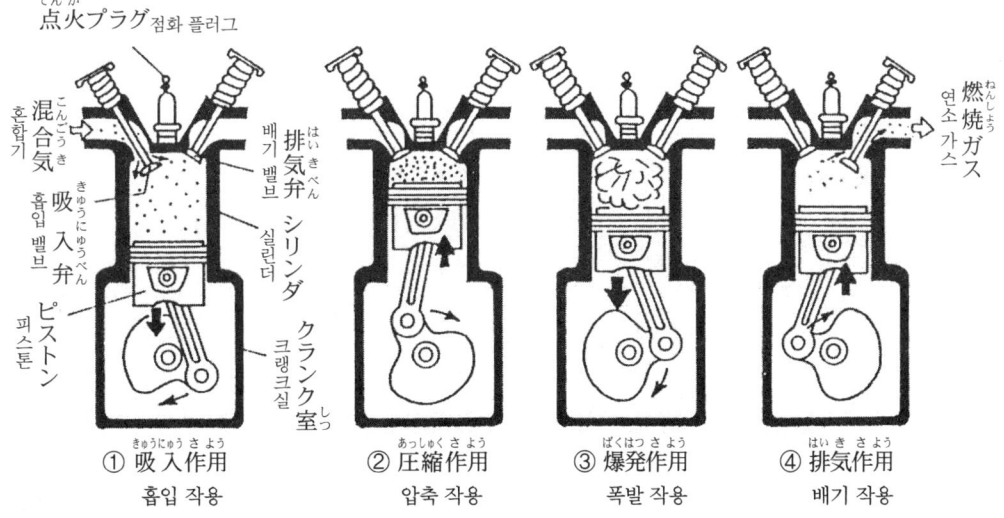

① 吸入作用 흡입 작용
② 圧縮作用 압축 작용
③ 爆発作用 폭발 작용
④ 排気作用 배기 작용

ピストンが下がるとき, 排気弁が閉じ, 吸入弁が開くようになっています。
피스톤이 내려갈 때, 배기 밸브가 닫히고 흡입 밸브가 열리게 되어 있습니다. (図그림 ①)

上の形で言いなさい。 위의 형태로 말하시오

1) ピストンが上がる 피스톤이 올라간다   吸入弁が閉じる 흡입 밸브가 닫힌다 (図그림 ②)
2) 混合気が点火されて爆発する   ピストンがおし下げられる (図그림 ③)
   혼합기가 점화해서 폭발한다   피스톤이 밀려 내려간다
3) ピストンが上がる   排気弁が開く (図그림 ④)
   피스톤이 올라간다   배기 밸브가 열린다

2. 工具と工作物のなす角度 공구와 공작물이 이루는 각도

工具を使う作業には, いろいろな種類がある。また, 工具と工作物のなす角度もいろいろある。

공구를 사용하는 작업에는 여러 종류가 있다. 또, 공구와 공작물이 이루는 각도도 여러 가지 있다.

工具を使う作業 공구를 사용하는 작업

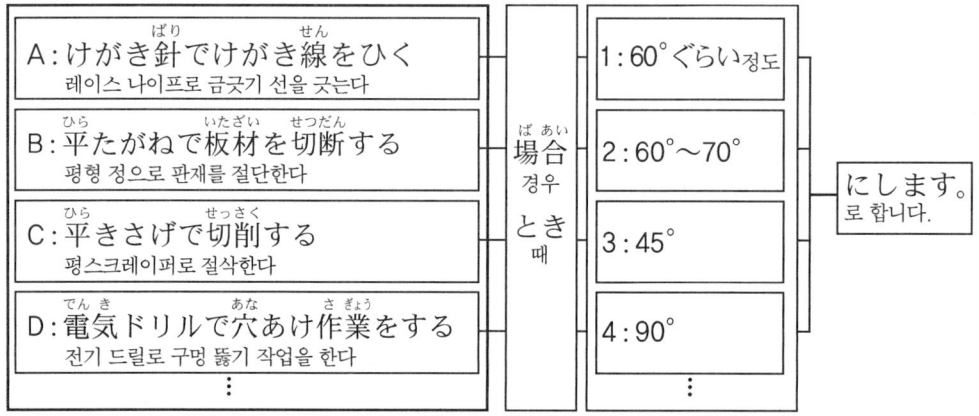

| A : けがき針でけがき線をひく 레이스 나이프로 금긋기 선을 긋는다 |
| B : 平たがねで板材を切断する 평형 정으로 판재를 절단한다 |
| C : 平きさげで切削する 평스크레이퍼로 절삭한다 |
| D : 電気ドリルで穴あけ作業をする 전기 드릴로 구멍 뚫기 작업을 한다 |

場合 경우 / とき 때

1 : 60°ぐらい 정도
2 : 60°～70°
3 : 45°
4 : 90°

にします。 로 합니다.

[例] A-1 → けがき針でけがき線をひく {場合경우 / とき때},
레이스 나이프로 금긋기 선을 그을

けがき針と工作物のなす角度を60°ぐらいにします。
레이스 나이프와 공작물이 이루는 각도를 60° 정도로 합니다.

例のように言いなさい。 예와 같이 말하시오.

1) B-2   2) C-3   3) D-4

Ⅳ

1. 4サイクル機関の作用 －条件・しくみ・結果－ 4사이클 기관의 작용 －조건·구조·결과－

	条件 조건	しくみ 구조	結果 결과
吸入作用 흡입 작용	ピストンが下がる 피스톤이 내려간다	排気弁が閉じ吸入弁が開く 배기 밸브가 닫히고 흡입 밸브가 열린다	混合気が吸いこまれる 혼합기가 빨려 들어간다
圧縮作用 압축 작용	ピストンが上がる 피스톤이 올라간다	吸入弁が閉じる 흡입 밸브가 닫힌다	混合気が圧縮される 혼합기가 압축된다
爆発作用 폭발 작용	圧縮作用が終わる 압축 작용이 끝난다	混合気が爆発し圧力の高いガスとなる 혼합기가 폭발하고 압력이 높은 가스로 된다	ピストンが大きい力でおし下げられる 피스톤이 큰 힘으로 밀려 내려간다
排気作用 배기 작용	ピストンが上がる 피스톤이 올라간다	排気弁が開く 배기 밸브가 열린다	燃焼ガスが排出される 연소 가스가 배출된다

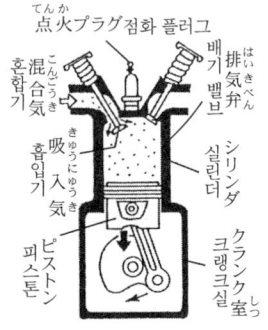

吸入作用 흡입 작용

① ピストンが下がるとき,排気弁が閉じ,吸入弁が開くようになっています。
피스톤이 내려갈 때 배기 밸브가 닫히고, 흡입 밸브가 열리게 되어 있습니다.

② そうすると,混合気が吸いこまれます。
그러면 혼합기가 빨려 들어갑니다.

③ この作用を吸入作用といいます。
이 작용을 흡입 작용이라고 합니다.

이론 과정

85ページの表を参考にして①,②,③の言い方で下の (1), (2), (3) を説明しなさい。 85쪽 표를 참고로 해서 ①,②,③의 말투로 아래의 (1), (2), (3)을 설명하시오.

(1) 圧縮作用 압축 작용

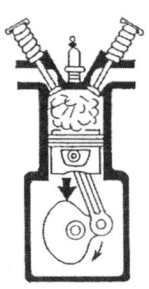
(2) 爆発作用 폭발 작용

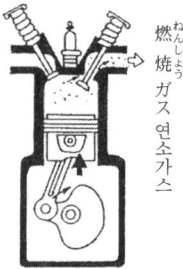
(3) 排気作用 배기 작용 燃焼ガス 연소가스

2.

工具を使う作業 공구를 사용하는 작업

A. けがき針でけがき線をひく 레이스 나이프로 금긋기 선을 그을	
B. 弓のこを使って切断する 실톱을 사용해서 절단할	
C. 電気ドリルで穴あけ作業をする 전기 드릴로 구멍을 뚫어 작업할	
D. アーク溶接をする 아크 용접을 할	

場合 경우
とき 때

具体的作業方法 구체적 작업 방법

- けがき針と工作物のなす角度を60°ぐらいにします。
  레이스 나이프와 공작물이 이루는 각도를 60° 정도로 합니다.
- 押して切ります。 눌러서 자릅니다.
- 電気ドリルと工作物のなす角度を90°にします。
  전기 드릴과 공작물을 이루는 각도를 90°로 합니다.
- ハンドシールドを顔にあてます。
  용접 가리개를 얼굴에 댑니다.

第7課　条件と結果　조건과 결과

注意 주의

けがき針の角度が大きすぎる 레이스 나이프의 각도가 너무 크	針先がスケールから離れてしまいます。 바늘 끝이 자에서 멀어져 버립니다.
下に押す力が強すぎる 아래로 누르는 힘이 너무 강하	のこ刃が曲がってしまいます。 톱날이 휘어져 버립니다.
90°にしない 90°로 하지 않으	穴が曲がってしまいます。 구멍이 휘어져 버립니다.
ハンドシールドをしない 용접 가리개를 하지 않으	目をいためてしまいます。 눈을 아프게(다치게) 해 버립니다

この場合, 이 경우

このとき, 이때

と, 면,

次の質問に答えなさい。 다음 질문에 답하시오.

1) けがき針でけがき線をひくとき, けがき針と工作物のなす角度を80°にしました。この場合, どんなことが起こりますか。
   레이스 나이프로 금긋기 선을 그을 때 레이스 나이프와 공작물이 이루는 각도를 80°로 했습니다. 이 경우 어떤 일이 일어납니까?

2) 弓のこを使って切断する場合, 押して切ります。この場合, 下に押す力が強すぎると, どんなことが起こりますか。
   실톱을 사용해서 절단할 경우, 눌러서 자릅니다. 이 경우 아래로 누르는 힘이 너무 강하면, 어떤 일이 일어납니까?

3) アーク溶接をするとき, ハンドシールドを顔にあてませんでした。このとき, どんなことが起こりますか。
   아크 용접을 할 때, 용접 가리개를 얼굴에 대지 않았습니다. 이때 어떤 일이 일어납니까?

이론과정

이론 과정

第8課

対比・比較 대비・비교

I

II

III

IV

対比・比較 대비·비교

1. 電流の強さ 전류의 세기

直列回路では,回路のどの部分でも電流の強さは変わらない。これに対して,並列回路では,分かれた部分に通る電流の強さの和は,もとの部分に通っている電流の強さに等しい。(cf. 図1)

직렬 회로에서는 회로의 어느 부분에서도 전류의 세기가 변하지 않는다. 이에 반해 병렬 회로에서는 갈라진 부분으로 통하는 전류 세기의 합은 원래 부분으로 통하는 전류의 세기와 같다. (cf. 그림 1)

2. 電圧の強さ 전류의 세기

直列回路では,それぞれの豆電球の両端の電圧の和が乾電池の両端の電圧に等しい。これに対して,並列回路では,2個の豆電球の両端の電圧は,たがいに等しく,乾電池の両端の電圧と等しくなっている。(cf. 図2)

직렬 회로에서는 각각의 소형 전구 양쪽 끝 전압의 합이 건전지의 양쪽 끝 전압과 같다. 이에 비해 병렬 회로에서는 2개의 소형 전구 양쪽 끝 전압은 서로 같고, 건전지 양쪽 끝 전압과 같게 되어 있다. (cf. 그림 2)

3.　(1) 銀は銅より熱伝導度が大きい。 은은 동보다 열전도도가 크다.
　＝ (2) 銅に対して,銀は,熱伝導度が大きい。 동에 비해 은은 열전도도가 크다.
　＝ (3) 銀に対して,銅は,熱伝導度が小さい。 은에 비해 동은 열전도도가 작다.

白金と銅を比較する(＝比べる)と,延性については白金の方が大きい。逆に(＝反対に)展性については銅の方が大きい。(cf. 図3)

백금과 동을 비교하면 연성에 대해서는 백금 쪽이 크다. 반대로 전성에 대해서는 동 쪽이 크다. (cf. 그림 3)

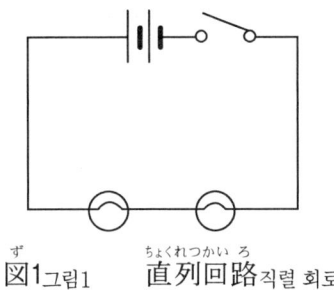 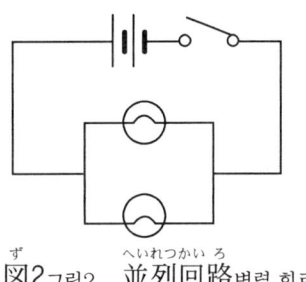

図1그림1　直列回路 직렬 회로　　　図2그림2　並列回路 병렬 회로

性質 성질 \ 順位 순위	1	2	3	4	5	6
熱電導度 열전도도	銀 은	銅 동	金 금	アルミニウム 알루미늄	亜鉛 아연	鉄 철
延性 연성	金 금	銀 은	白金 백금	鉛 납	ニッケル 니켈	銅 동
展性 전성	金 금	銀 은	銅 동	アルミニウム 알루미늄	すず 주석	白金 백금

大きい 크다 ←──────────→ 小さい 작다

図3그림3

I

1. 例にならって質問に答えなさい。 예와 같이 질문에 답하시오.

[例]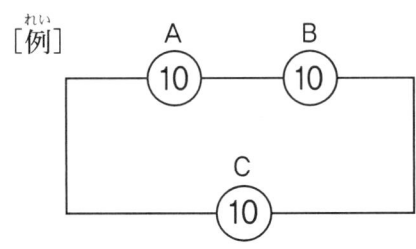

たすと20になるのは、何と何の和ですか。
더하면 20이 되는 것은 무엇과 무엇의 합입니까?

→ <u>A</u> と <u>B</u> の和です。それから、<u>B</u> と <u>C</u> の和と <u>C</u> と <u>A</u> の和です。

A와 B의 합입니다. 그리고 B와 C의 합과 C와 A의 합입니다.

1)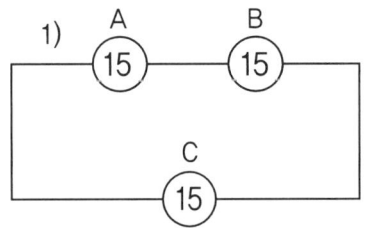

たすと30になるのは、
더하면 30이 되는 것은
何と何の和ですか。
무엇과 무엇의 합입니까?

2)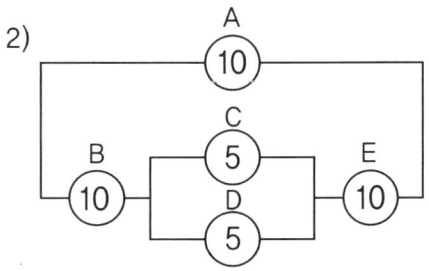

(1) たすと10になるのは、何と何の和ですか。
더하면 10이 되는 것은 무엇과 무엇의 합입니까?

(2) CとDをたしたものに等しくなるものは、どれですか。
C와 D를 더한 것과 같은 것은 어느 것입니까?

3)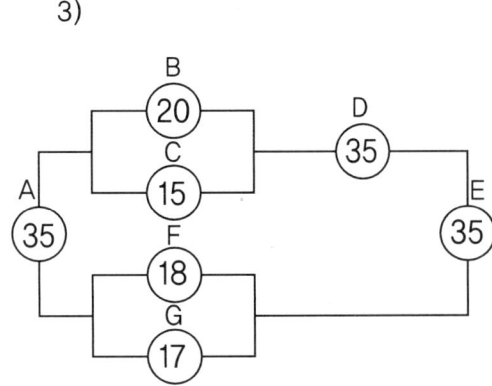

(1) たすと35になるのは、何と何の和ですか。
더하면 35가 되는 것은 무엇과 무엇의 합입니까?

(2) FとGをたしたものに等しくなるものは、どれですか。
F와 G를 더한 것과 같아지는 것은 어느 것입니까?

2. 例にならって漢字2字を組み合わせて語を作りなさい。
예와 같이 한자 2자를 조합하여 말을 만드시오.

注：下の四角(☐)の中の漢字を使うこと。
주: 아래 네모(☐) 안의 한자를 사용할 것.

[例] 電気の流れ 전기의 흐름 → 電流 전류

1) 電気の圧力 전기의 전압

2) 両方の端 양쪽 끝

3) 電気の力 전기의 힘

4) 延びる性質 늘어나는 성질

電	性	両	延
力	圧	端	

3.
1) 直— direct ; straight

　① 直列 직렬　series(circuit)　　② 直線 직선　straight line
　③ 直接 직접　direct　　　　　　④ 直角 직각　right angle

2) 部— part

　① 部分 부분　part　　　　　　② 部品 부품　parts

3) 並— parallel

　① 並列 병렬　parallel(circuit)　② 並行 병행　parallel

4) —性 character

① 展性전성　malleability　　② 延性연성　ductility
③ 磁性자성　magnetism

Ⅱ

1. 例にならって言いなさい。 예와 같이 말하시오.

[例]

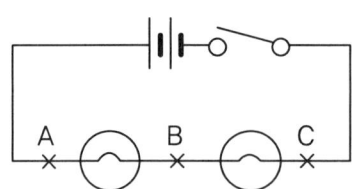

直列回路では，Aの部分での電流の強さとBの部分での電流の強さとCの部分での電流の強さは等しいです。

직렬 회로에서는 A 부분에서의 전류 세기와 B 부분에서의 전류 세기와 C 부분에서의 전류 세기가 같습니다.

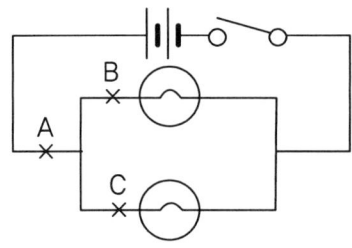

並列回路では，分かれた部分に通る電流の強さの和，つまり，Bに通る電流の強さとCに通る電流の強さの和は，もとの部分に通っている電流の強さ，つまり，Aに通っている電流の強さに等しいです。

병렬 회로에서는 갈라진 부분에 통하는 전류 세기의 합, 즉, B에 통하는 전류 세기와 C에 통하는 전류 세기의 합은 원래 부분에 통하는 전류의 세기, 즉, A에 통하는 전류 세기와 같습니다.

1)

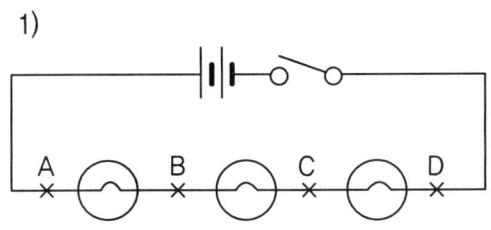

2)

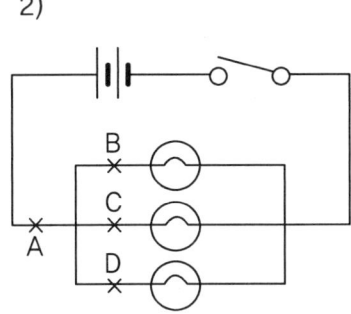

2. 例にならって言いなさい。 예와 같이 말하시오.

［例］ 銅동 ⟷ 銀은　銅に対する銀の熱伝導度 동에 대한 은의 열전도도

1) 金금 ⟷ 銅동
2) アルミニウム알루미늄 ⟷ 金금
3) 亜鉛아연 ⟷ アルミニウム알루미늄
4) 鉄철 ⟷ 亜鉛아연

Ⅲ

1.

| 直列回路では、回路のどの部分でも電流の強さは変わらない
직렬 회로에서는 회로의 어느 부분에서도 전류의 세기는 변하지 않는 | のに対して,
것에 반해 | 並列回路では、分かれた部分に通る電流の強さの和は、もとの部分に通っている電流の強さに等しいです。
병렬 회로에서는 나눠진 부분에 통하는 전류 세기의 합은 원래 부분에 통하고 있는 전류의 합과 같습니다. |

1) 下の図を見ながら, もう一度説明しなさい。 아래 그림을 보면서 다시 한 번 설명하시오.

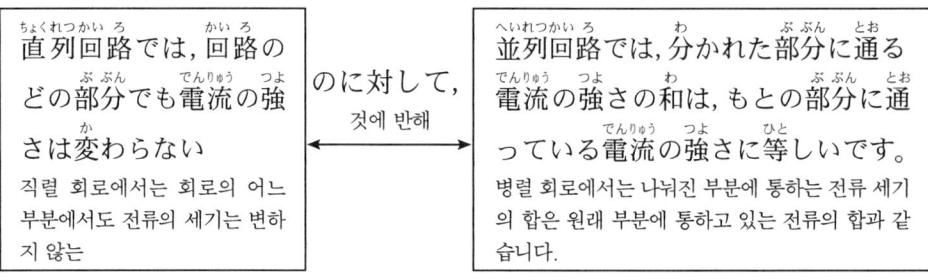

直列回路 직렬 회로 　　　　　　　　　並列回路 병렬 회로

2. 熱電導度 열전도도

銀은 ＞ 銅동 ＞ 金금 ＞ アルミニウム 알루미늄 ＞ 亜鉛 아연 ＞ 鉄 철

大きい 크다 ←――――――――――――――→ 小さい 작다

例のように言いなさい。 예와 같이 말하시오.

[例] 銀은 ＞ 銅동 ―→ 銀は銅より熱伝導度が大きいです。
　　　　　　　　　　　은은 동보다 열전도도가 큽니다.

　　　　　　　　　―→ 銅に対して, 銀は熱伝導度が大きいです。
　　　　　　　　　　　동에 비해 은은 열전도도가 큽니다.

　　　　　　　　　―→ 銀に対して, 銅は熱伝導度が小さいです。
　　　　　　　　　　　은에 비해 동은 열전도도가 작습니다.

1) 銅동 > 金금
2) 金금 > アルミニウム알루미늄
3) アルミニウム알루미늄 > 亜鉛아연
4) 亜鉛아연 > 鉄철
5) 銀은 > 金금
6) 銅동 > 鉄철

IV

1. 例のように，文を二つに分けなさい。예와 같이 문장을 2개로 나누시오.

[例]

| 直列回路では,回路のどの部分でも電流の強さは変わらない
직렬 회로에서는 회로의 어느 부분에서도 전류의 세기는 변하지 않는 | のに対して,
것에 반해 | 並列回路では,分かれた部分に通る電流の強さの和は,もとの部分に通っている電流の強さに等しい。
병렬 회로에서는 나눠진 부분에 통하는 전류 세기의 합은 원래 부분에 통하고 있는 전류의 세기와 같다. |

→

| 直列回路では,回路のどの部分でも電流の強さは変わりません。
직렬 회로에서는 회로의 어느 부분에서도 전류의 세기는 변하지 않습니다. | これに対して,
이에 반해서 | 並列回路では,分かれた部分に通る電流の強さの和は,もとの部分に通っている電流の強さに等しいです。
병렬 회로에서는 나눠진 부분에 통하는 전류 세기의 합은 원래 부분으로 통하고 있는 전류의 세기와 같습니다. |

1)

| 直列回路では,それぞれの豆電球の両端の電圧の和が乾電池の両端の電圧に等しい
직렬 회로에서는 각각의 꼬마 전구의 양쪽 끝 전압의 합이 건전지의 양쪽 끝 전압과 같은 | のに対して,
것에 반해 | 並列回路では,2個の豆電球の両端の電圧は,たがいに等しく,乾電池の両端の電圧と等しくなっている。
병렬 회로에서는 2개의 꼬마 전구의 양쪽 끝 전압은 서로 같고, 건전지의 양쪽 끝 전압과 같아지고 있다. |

下の図を参考にして, もう一度説明しなさい。

아래 그림을 참고해서 다시 한 번 설명하시오.

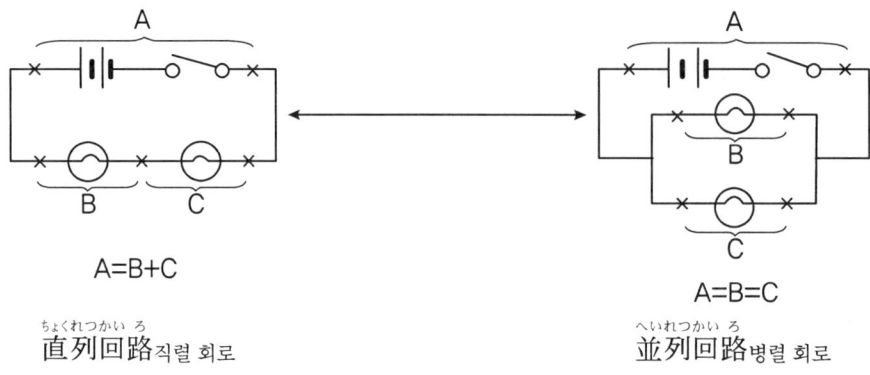

直列回路 직렬 회로   並列回路 병렬 회로

2. 金属の機械的性質 금속의 기계적 성질

性質 성질 \ 順位 순위	1	2	3	4	5	6
熱伝導度 열전도도 thermal conductivity	銀 은 Ag	銅 동 Cu	金 금 Au	アルミニウム 알루미늄 Al	亜鉛 아연 Zn	鉄 철 Fe
延性 연성 ductility	金 금 Au	銀 은 Ag	白金 백금 Pt	鉛 납 Pb	ニッケル 니켈 Ni	銅 동 Cu
展性 전성 malleability	金 금 Au	銀 은 Ag	銅 동 Cu	アルミニウム 알루미늄 Al	すず 주석 Sn	白金 백금 Pt

[例] 白金と銅の延性・展性についての比較 백금과 동의 연성·전성에 대한 비교

① 白金と銅を比較すると, 延性については, 白金の方が大きいです。
　　　　　　比べると,
백금과 동을　비교하면,　　연성에 대해서는 백금 쪽이 큽니다.

② 逆に, 展性については, 銅の方が大きいです。
　　反対に,
반대로 전성에 대해서는 동 쪽이 큽니다.

上の表を参考にして［例］の①,②の言い方で下の1), 2)を説明しなさい。
위의 표를 참고로 해서 예 ①, ②의 말투로 아래의 1), 2)를 설명하시오.

1) 金と銀の熱伝導度・延性についての比較 금과 은의 열전도도·연성에 대한 비교

2) 金と銅の熱伝導度・延性についての比較 금과 동의 열전도도·연성에 대한 비교

3. 例にならって次の質問に答えなさい。 예와 같이 다음 질문에 답하시오.
(98ページの表を参考にすること。98쪽의 표를 참고로 할 것)

［例］ 銅の熱伝導度・延性・展性について 동의 열전도도·연성·전성에 대해서

→ 銅は,熱伝導度については2番目に大きいです。また,延性については,6番目に大きく,展性については,3番目に大きいです。
동은 열전도도에 대해서는 2번째로 큽니다. 또 연성에 대해서는 6번째로 크고, 전성에 대해서는 3번째로 큽니다.

1) 白金の延性・展性について 백금의 연성·전성에 대해서

2) 金の熱伝導度・延性・展性について 금의 열전도도·연성·전성에 대해서

이론 과정

第9課

予想(よそう)に反(はん)する結果(けっか) 예상에 반하는 결과

I
II
III
IV

予想に反する結果 예상에 반하는 결과

1. プラグをコンセントにさしこんだのに,アイロンは熱くならなかった。調べてみたら,原因はプラグの接続部の接触不良によるものだった。それで,止めねじのゆるみをしめつけたら熱くなった。(cf. 図1)

플러그를 콘센트에 꽂았는데 다리미는 뜨거워지지 않았다. 조사해 보니 원인은 플러그 접속부의 접촉 불량에 의한 것이었다. 그래서 고정 나사의 느슨함을 죄었더니 뜨거워졌다. (cf. 그림 1)

2. 電気機器を点検するには,回路計によって全体および各部の導通や絶縁を調べる。全体の導通を調べる場合(=とき)は,電気機器のスイッチをONにして,まずさしこみプラグから調べる。電気機器のスイッチをONにしたのに,回路計の指針がふれないのは,どこかで断線しているからである。その際には(=その場合には),各部の導通を調べてみる。(cf. 図2)

전기기기를 점검하기 위해서는 회로계로 전체 및 각 부분의 도전이나 절연을 조사한다. 전체의 도전을 조사하는 경우는 전기기기의 스위치를 ON으로 하고 먼저 플러그부터 조사한다. 전기기기의 스위치를 ON으로 했는데 회로계의 지침이 움직이지 않는 것은 어딘가 단선이 되어 있기 때문이다. 그때는 각 부분의 도전을 조사해 본다. (cf. 그림 2)

3. 電気機器の各部の導通を調べるために,まず,コードを調べ,次に,電熱線を調べた。ところが,電熱線を調べたとき,回路計の指針がふれなかった。その原因として,電熱線の断線が考えられた。それで,電熱線を調べてみたところ,やはり,(電熱線が)断線していたので,とりかえることにした。とりかえて,再び,導通を調べたら,今度は指針がふれた。(cf. 図3)

전기기기 각 부분의 도전을 조사하기 위해서 먼저 코드를 조사하고, 다음으로 전열선을 조사했다. 하지만 전열선을 조사했을 때 회로계의 지침이 움직이지 않았다. 그 원인으로서 전열선의 단선을 생각할 수 있었다. 그래서 전열선을 조사해보니 역시 (전열선이) 단선되었기 때문에 바꾸기로 했다. 바꾸고 다시 전기가 통하는가를 조사했더니 이번에는 지침이 움직였다. (cf. 그림 3)

第9課　予想に反する結果　예상에 반하는 결과　103

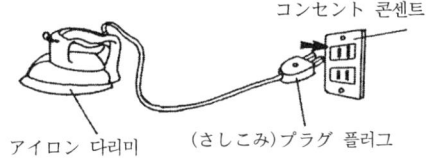

コンセント 콘센트

アイロン 다리미　（さしこみ）プラグ 플러그

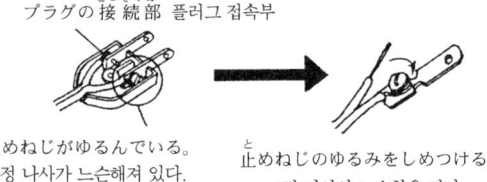

プラグの接続部 플러그 접속부

止めねじがゆるんでいる。
고정 나사가 느슨해져 있다.

止めねじのゆるみをしめつける。
고정 나사의 느슨함을 죄다.

図1　그림 1

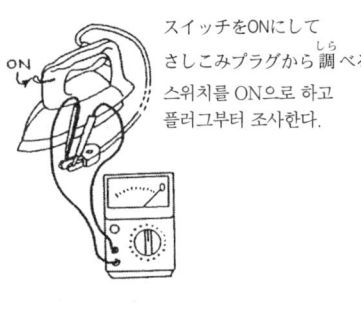

スイッチをONにして
さしこみプラグから調べる。
스위치를 ON으로 하고
플러그부터 조사한다.

図2　그림 2

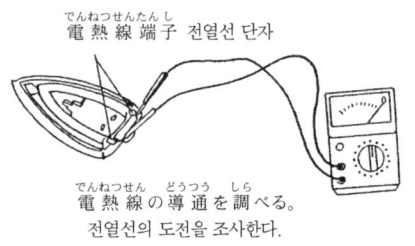

電熱線端子 전열선 단자

電熱線の導通を調べる。
전열선의 도전을 조사한다.

図3　그림 3

이론 과정

I

1.

1) ―部 part

① 各部 각 부분　each part　　② 全部 전부　all
③ 一部 일부　a part　　　　　④ 上部 상부　upper part

2) ―計 meter

① 回路計 회로계　circuit tester　② 電流計 전류계　ammeter
③ 電圧計 전압계　voltmeter

3) ―線 wire

① 電線 전선　electric wire　　② 電熱線 전열선　electrothermic wire
③ 断線 단선　snapping of wire　④ 混線 혼선　entanglement of wire

4) ―電 electricity

① 漏電 누전　leakage of electricity　② 感電 감전　electric shock
③ 発電 발전　generation of electricity

2. 例にならって言いかえなさい。 예와 같이 바꿔 말하시오.

[例] 接続部 접속부　→　接続する部分 접속하는 부분

1) 操作部 조작부　　　　　　2) 調節部 조절부
3) 検出部 검출부　　　　　　4) 増幅部 증폭부

[例] 接触不良 접촉 불량 → 接触が 접촉이 { 不良であること 불량임
よくないこと 좋지 않음

1) 絶縁不良 절연 불량   2) 接続不良 접속 불량
3) 調整不良 조정 불량

[例] 回路計による導通テスト → 回路計を使って行う導通テスト
회로계에 의한 도전 테스트 → 회로계를 사용해서 시행하는 도전 테스트
(手段 수단)

1) 回路試験器(1)による電圧測定 회로시험기에 의한 전압 측정
2) 万能ブリッジ(2)による抵抗測定 만능 브리지에 의한 저항 측정
3) オシログラフ(3)による波形(4)観測(5) 오실로그래프(전류의 진동 기록 장치)에 의한 파형 관측
4) タコメータ(6)による回転数(7)の測定 태코미터(회전 속도계)에 의한 회전수 측정

3. 例にならって漢字を組み合わせ, 語を作りなさい。
예와 같이 한자를 조합해서 말을 만드시오.

[例] 接触が不良であること 접촉이 불량임 → 接触不良 접촉 불량

1) 接続する部分 접속하는 부분
2) 豆のように小さい電球 콩과 같은 작은 전구
3) 測定するための端子 측정하기 위한 단자
4) 増幅(8)を行う回路 증폭을 행하는 회로

→ (1) 回路試験器 회로시험기   (2) 万能ブリッジ 만능 브리지   (3) オシログラフ 오실로그래프
(4) 波形 파형   (5) 観測 관측   (6) タコメータ 태코미터(회전 속도계)   (7) 回転数 회전수
(8) 増幅 증폭

Ⅱ

1. 例のように言いかえなさい。 예와 같이 바꿔 말하시오.

[例] 接続部の接触不良によって故障が起こりました。
접속부의 접촉 불량에 의해서 고장이 일어났습니다.
→ 接続部の接触不良による故障 접속부의 접촉 불량에 의한 고장
　　（原因 원인）

1) コードの断線によって故障が起こりました。 코드의 단선에 의해 고장이 일어났습니다.
2) 電線の断線によって故障が起こりました。 전선의 단선에 의해 고장이 일어났습니다.
3) 電熱線の断線によって故障が起こりました。 전열선의 단선에 의해 고장이 일어났습니다.

2. 次のことばを読んで、下の文のます(□□□□)に①〜③の文を入れなさい。
다음 말을 읽고, 아래 문장의 빈칸(□□□□)에 ①〜③의 문장을 넣으시오.

① コードの断線による故障 코드의 단선에 의한 고장
② 回路計による導通テスト 회로계에 의한 도전 테스트
③ 電熱線の断線による故障 전열선의 단선에 의한 고장

電気機器を点検する方法の一つに [　　　　　　　　　] がある。
전기기기를 점검하는 방법의 하나로 [　　　　　　　　] 가 있다.

各部の導通テストをしたのに、回路計の指針がふれない場合、その原因として、[　　　　　] 及び [　　　　　] などが考えられる。
각 부분의 도전 테스트를 했는데 회로계의 지침이 움직이지 않는 경우, 그 원인으로서, [　　　　] 및 [　　　　] 등을 생각할 수 있다.

III

1. 例にならって言いかえなさい。 예와 같이 바꿔 말하시오.

[例] 接続部の接触不良による故障 접속부의 접촉 불량에 의한 고장

→ 故障の原因は接続部の接触不良によるものでした。
고장의 원인은 접속부의 접촉 불량에 의한 것이었습니다.

1) コードの断線による故障 코드 단선에 의한 고장

2) 電線の断線による故障 전선의 단선에 의한 고장

3) 電熱線の断線による故障 전열선의 단선에 의한 고장

4) 自動温度調節器⁽⁹⁾の不良による故障 자동온도조절기 불량에 의한 고장

2. ある動作をすると,ある結果がいつも生じる場合があります。たとえば,スイッチを入れたら電気がつく場合がそうです。しかし,現実には,スイッチを入れても電気がつかない場合があります。こういう予想に反する結果の表現を次に勉強してみましょう。
어떤 동작을 하면 어떤 결과가 항상 생기는 경우가 있습니다. 예를 들면 스위치를 넣으면 전기가 켜지는 경우가 그렇습니다. 그러나 현실에서는 스위치를 넣어도 전기가 켜지지 않는 경우가 있습니다. 이러한 예상에 반하는 결과의 표현을 다음에서 공부해 봅시다.

[例] プラグをコンセントにさしこんだので,アイロンは熱くなりました。
플러그를 콘센트에 꽂았기 때문에, 다리미는 뜨거워졌습니다.
　　　　　動作 동작　　　　　　　　　　　結果 결과

→ プラグをコンセントにさしこんだのに,アイロンは熱くなりませんでした。
플러그를 콘센트에 꽂았는데도, 다리미는 뜨거워지지 않았습니다.
　　　　　動作 동작　　　　　　　予想に反する結果 예상에 반하는 결과

← (9) 自動温度調節器 자동온도조절기

1) 電気機器のスイッチをONにしたので、回路計の指針がふれました。
   전기기기의 스위치를 ON으로 했기 때문에, 회로계의 지침이 움직였습니다.
   　　　　動作 동작　　　　　　　　　　　　　結果 결과

2) スイッチを入れたので、けい光灯が点灯しました。
   스위치를 넣었기 때문에, 형광등이 점등되었습니다.
   　　動作 동작　　　　　　　結果 결과

3) 許容範囲(10)内の電流しか流れていないので、温度ヒューズ(11)は切れませんでした。
   허용 범위 내의 전류밖에 흐르지 않았기 때문에, 온도의 퓨즈가 끊어지지 않았습니다.
   　　　　　　状態 상태　　　　　　　　　　　　結果 결과

IV

1. 例のように、文を二つに分けなさい。 예와 같이 문을 2개로 나누시오.

[例]

| アイロンをかけるために、プラグをコンセントにさしこんだ | のに、 | アイロンは熱くならなかった。 |
| 다리미질하기 위해서, 플러그를 콘센트에 꽂았 | 는데 | 다리미는 뜨거워지지 않았다. |

→

| アイロンをかけるために、プラグをコンセントにさしこみました。 | ところが、 | アイロンは熱くなりませんでした。 |
| 다리미질하기 위해서, 플러그를 콘센트에 꽂았습니다. | 그런데 | 다리미는 뜨거워지지 않았습니다. |

---

(10) 許容範囲 허용 범위　(11) 温度ヒューズ 온도 퓨즈

第9課 予想に反する結果 예상에 반하는 결과

1) 勉強をするために、けい光灯のスイッチを入れた
공부하기 위해서 형광등 스위치를 넣었

のに／たけど、

けい光灯は全く、つかなかった。
형광등은 전혀 켜지지 않았다.

2) アイロンの全体の導通を調べるために、アイロンのスイッチをONにした
다리미 전체의 도전을 조사하기 위해서 다리미 스위치를 ON으로 했

のに／たけど、

回路計の指針はふれなかった。
회로계의 지침은 움직이지 않았다.

3) アイロンの各部の導通を調べるために、アイロンの電熱線の導通を調べた
다리미 각 부분의 도전을 조사하기 위해서 다리미 전열선을 조사했

のに／たけど、

回路計の指針はふれなかった。
회로계의 지침은 움직이지 않았다.

4) 安全のために、許容範囲内の電流しか流れていない
안전을 위해 허용 범위의 전류밖에 흐르지 않았

のに／たけど、

温度ヒューズが切れてしまった。
온도 퓨즈가 끊어져버렸다.

이론과정

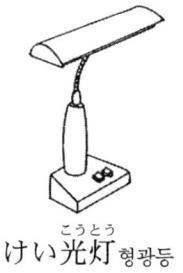

けい光灯 형광등　　　温度ヒューズ 온도 퓨즈

2.

	① 動作 동작	予想に反する結果 예상에 반하는 결과	② 原因 원인	処置 조치	③ 問題の解決 문제 해결
1)	プラグをコンセントにさしこむ 플러그를 콘센트에 꽂는다	アイロンは熱くならなかった 다리미는 뜨거워지지 않았다	プラグの接読部の接触不良 플러그 접속부의 접촉 불량	止めねじのゆるみをしめつける 고정 나사의 느슨함을 죈다	アイロンは熱くなった 다리미는 뜨거워졌다
2)	スイッチを入れる 스위치를 넣는다	けい光灯は全く点灯しなかった 형광등은 전혀 점등되지 않았다	ランプの断線 램프의 단선	不良品を良品に変える 불량품을 좋은 상품으로 바꾼다	点灯するようになった 점등하게 되었다
3)	電熱機器のスイッチをONにする 전열 기기의 스위치를 켠다	回路計の指針はふれなかった 회로계의 지침은 움직이지 않았다	コードの断線 코드의 단선	コードを良品にとりかえる 코드를 좋은 제품으로 바꾼다	指針がふれるようになった 지침이 움직이게 되었다
4)	電熱線の導通を調べる 전열선의 도전을 조사한다	回路計の指針はふれなかった 회로계의 지침은 움직이지 않았다	電熱線の断線 전열선의 단선	電熱線をとりかえる 전열선을 바꾼다	指針がふれるようになった 지침이 움직이게 되었다.

① プラグをコンセントにさしこんだのに, アイロンは熱くなりませんでした。
플러그를 콘센트에 꽂았는데도 다리미는 뜨거워지지 않았습니다.

② 調べてみたら, 原因はプラグの接読部の接触不良によるものでした。
조사해 보니 원인은 플러그 접속부의 접촉 불량에 의한 것이었습니다.

③ それで, 止めねじのゆるみをしめつけたら, アイロンは熱くなりました。
그래서 고정 나사의 느슨함을 죄었더니 다리미는 뜨거워졌습니다.

110ページの表を参考にして ①, ②, ③の言い方で, 表の2), 3), 4) を説明しなさい。
110쪽의 표를 참고로 해서 ①, ②, ③의 말투로 표 2), 3), 4)를 설명하시오.

실기 과정

第10課

木材加工 목재 가공
もくざいかこう

I 材料と製品 재료와 제품
  ざいりょう せいひん

II 製図 제도
  せいず

III 加工する 가공하다
  かこう

IV ていねいに作る 신중하게 만들다
  つく

V 組み立てから仕上げまで
  く た し あ
  조립부터 마무리까지

Ⅰ 材料と製品(1) 재료와 제품

1. いろいろな材料 여러 가지 재료

 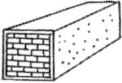 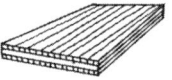

① 板材 판재　② 角材 각재　③ 集成材 집성재　④ 合板 합판(ベニヤ板 베니어판)

⑤ パーティクルボード　⑥ ファイバーボード　⑦ ハードボード など
　　파티클 보드　　　　　파이버 보드　　　　　하드 보드 등

2. いろいろな木製品(2) 여러 가지 목제품

3. 一般に(3) どんな材料が使われていますか。 일반적으로 어떤 재료가 사용되고 있습니까?

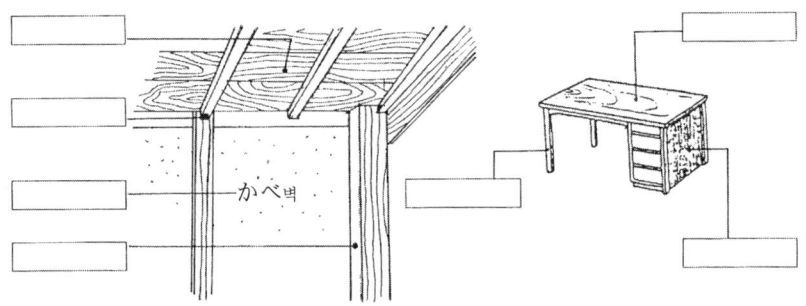

かべ 벽

◆ (1) 製品 제품　(2) 木製品 목제품　(3) 一般に 일반적으로

II 製図 제도

1. 線の引きかた 선을 긋는 방법

線は一定の強さとはやさで引く。(一定の 일정한＝同じ 같은)
선은 일정한 힘과 속도로 긋는다.

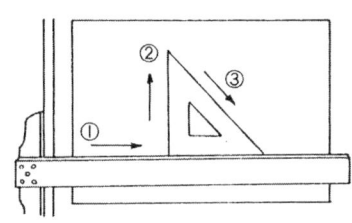

① 水平線 수평선　左から右へ引く
왼쪽에서 오른쪽으로 긋는다.

② 垂直線 수직선　下から上へ引く
아래에서 위로 긋는다.

③ 斜線 사선　左上から右下へ引く
왼쪽 위에서 오른쪽 아래로 긋는다.

2. 製図用具 제도 용구

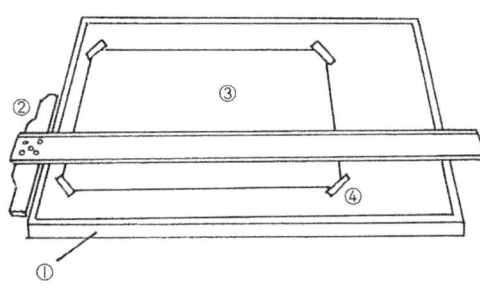

① 製図台 제도대

② T定規 (제도용) T자

③ 用紙 용지

④ テープ 테이프

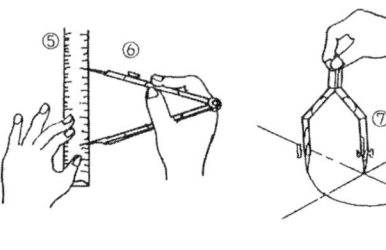

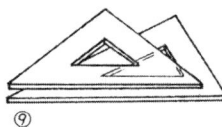

⑤ スケール (物さし) 눈금자

⑥ ディバイダー 양각기

⑦ コンパス 컴퍼스

⑧ 分度器 분도기

⑨ 三角定規 삼각자

3. 作図の手順 작도 순서

1) 部品の寸法をきめる。 부품의 치수를 정한다.
2) 下がきをする。 초안을 그린다.
3) 不要な線をけす。 불필요한 선을 지운다.
4) 必要な線をはっきりかきなおす。 필요한 선을 확실하게 다시 그린다.

Ⅲ 加工する 가공하다

1. 作業をする 작업을 하다

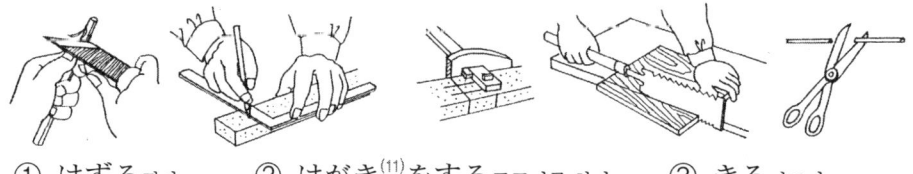

① けずる 깎다　　② けがきをする 금긋기를 하다　　③ きる 자르다

 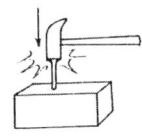 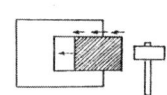 

④ ほる 파다　⑤ 打つ 때리다　⑥ たたく 두드리다　⑦ 穴をあける 구멍을 뚫다

2. 工具を使う 공구를 사용하다

例のように言いなさい。 예처럼 말하시오.

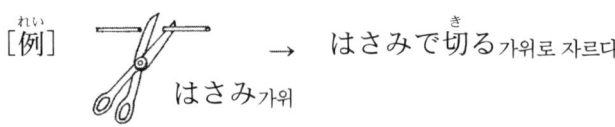

[例] → はさみで切る 가위로 자르다
はさみ 가위

➜ (4) 作図 작도(제도)　(5) 手順 순서　(6) 部品 부품　(7) 下がき 초안　(8) 不要 불요(불필요)
(9) けす 지우다　(10) かきなおす 다시 그리다　(11) けがき 금긋기　(12) 工具 공구

第10課　木材加工 목재 가공

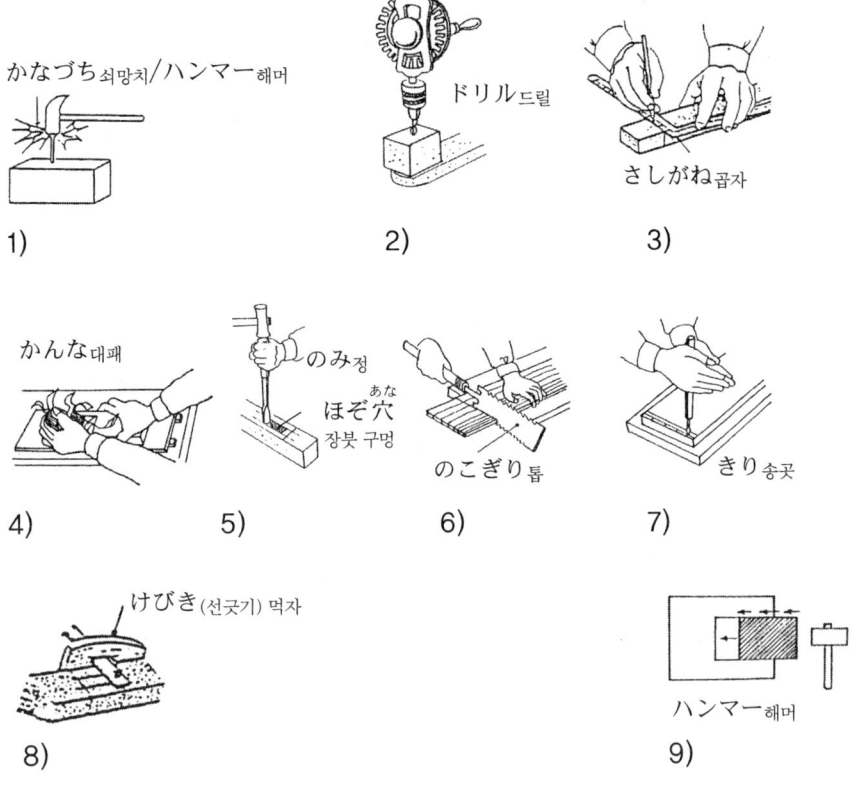

Ⅳ　ていねいに作る 신중하게 만들다

物を作るときは、いろいろなことに気をつけて作らなければなりません。つまり、ていねいに作ることです。

물건을 만들 때는 여러 가지 일에 조심해서 만들어야 합니다. 즉 신중하게 만드는 것입니다.

① 力を入れる 힘을 주다

力を入れて強く打つ 힘을 줘서 강하게 때린다

力をぬいて軽くたたく 힘을 빼고 가볍게 두드린다

---

(13) ていねいに 신중하게　(14) つまり 즉　(15) 力をぬいて 힘을 빼고

② 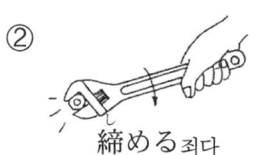 ボルトがゆるまない⁽¹⁶⁾ようにきつく⁽¹⁷⁾締める
볼트가 느슨하지 않도록 단단히 죈다

③ 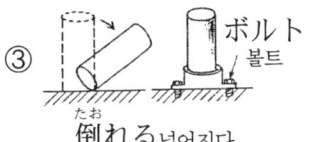 倒れないようにボルトでしっかり⁽¹⁸⁾おさえる⁽¹⁹⁾
넘어지지 않도록 볼트로 꽉 죈다

④  すきまができないようにぴったり⁽²⁰⁾つける⁽²¹⁾
틈이 생기지 않도록 딱 붙인다

⑤ 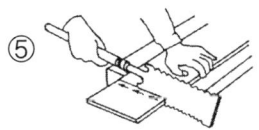 線にそって⁽²²⁾正確に⁽²³⁾切る
선을 따라서 정확하게 자른다

1. つぎの言いかたをれんしゅうしなさい。 다음의 말투를 연습하시오.

1) 強く 강하게 / 軽く 가볍게 たたく 두드린다

3) 正確に 정확하게 / ていねいに 신중하게 作る 만든다

2) 強く 강하게 / 軽く 가볍게 / きつく 꽉 / しっかり 단단히 おさえる 죈다

4) しっかり 단단히 / ぴったり 딱 つける 붙인다

---

(16) ゆるまない 느슨하지 않다   (17) きつく 단단히   (18) しっかり 단단히, 꽉   (19) おさえる 죄다
(20) ぴったり 꼭, 딱   (21) つける 붙이다(대다)   (22) にそって ~을(를) 따라서   (23) 正確に 정확하게

Ⅴ 組み立て⁽²⁴⁾から仕上げ⁽²⁵⁾まで 조립부터 마무리까지

1. 組み立て 조립

1) 部分⁽²⁶⁾ごとの組み立て 부분별로 조립

① ∥ + ─ + ∥ → ⊓ (部分 부분)   ② ─ + ∥ + ∥ → ⊥ (部分 부분)

2) 全体⁽²⁷⁾の組み立て 전체의 조립

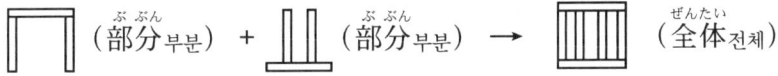

⊓ (部分 부분) + ⊥ (部分 부분) → ⊞ (全体 전체)

2. 塗装 도장

1) 下地づくり 바탕 만들기

研磨紙で木目⁽²⁸⁾にそって軽く研ぐ⁽²⁹⁾
연마지로 나뭇결을 따라서 가볍게 간다

2) 目止め 눈먹임

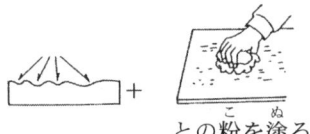

との粉⁽³⁰⁾を塗って⁽³¹⁾目止めをする 숫돌가루를 발라서 눈을 없앤다

との粉を塗る 숫돌가루를 바른다

3) 塗装 도장

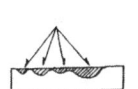

研磨紙で軽く研いでからはけ⁽³²⁾で塗料を塗る
연마지로 가볍게 간 다음에 솔로 도료를 바른다

3. 仕上げ 마무리

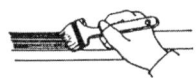

1) 直角かどうか 직각인지 아닌지
2) 水平かどうか 수평인지 아닌지
3) がたつき⁽³³⁾があるかどうか 덜컹거림이 있는지 없는지

などを調べる 등을 조사한다

---

(24) 組み立て 조립　(25) 仕上げ 마무리　(26) 部分 부분　(27) 全体 전체　(28) 木目 나뭇결
(29) 研ぐ 갈다　(30) との粉 숫돌가루　(31) 塗る 바르다　(32) はけ 솔, 귀얄
(33) がたつき 덜컹거림

실기 과정

第11課

板金・塗装 판금·도장

I 板金 판금

II 動作 동작

III 順序 순서

IV 指を使う動作 손가락을 사용하는 동작

V 塗装 도장

I 板金(ばんきん) 판금

1. 作業(さぎょう)をする 작업을 하다

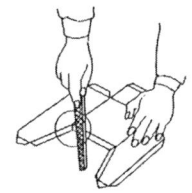 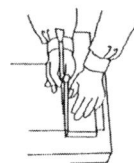 

① やすりがけ⁽¹⁾をする　　② けがきをする　　③ 塗(ぬ)る
줄질을 하다　　　　　　　금긋기를 하다　　　　바르다

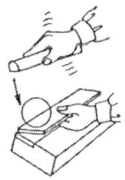 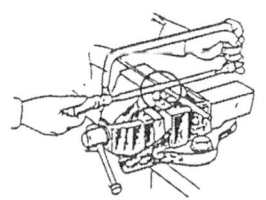

④ たたく 두드리다　　⑤ 切断(せつだん)する 절단하다(＝切(き)る 자르다)

2. 工具(こうぐ)を使(つか)う 공구를 사용하다

例(れい)のように言(い)いなさい。 예와 같이 말하시오.

[例(れい)]　弓(ゆみ)のこ 실톱　→　弓(ゆみ)のこを使(つか)って切断(せつだん)します
　　　　　　　　　　　　　　실톱을 사용해서 절단합니다

金切(かなき)りはさみ
함석 가위

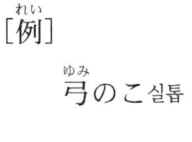 1)　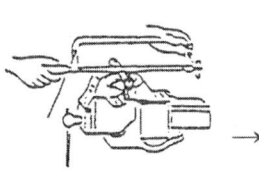 2)　拍子木(ひょうしぎ) 딱따기
　　　　　　　　　　はけ 솔
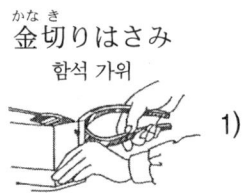　　　　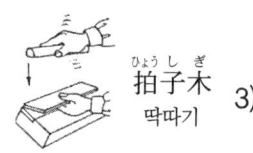 3)

・・

⊶ (1) やすりがけ 줄질

第11課　板金・塗装 판금·도장

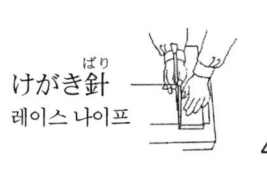
けがき針 레이스 나이프
4)

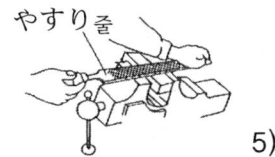
やすり 줄
5)

ハンドドリル 핸드 드릴
6)

おし切り 작두
7)

II　動作 동작

1. 複合動詞 복합 동사

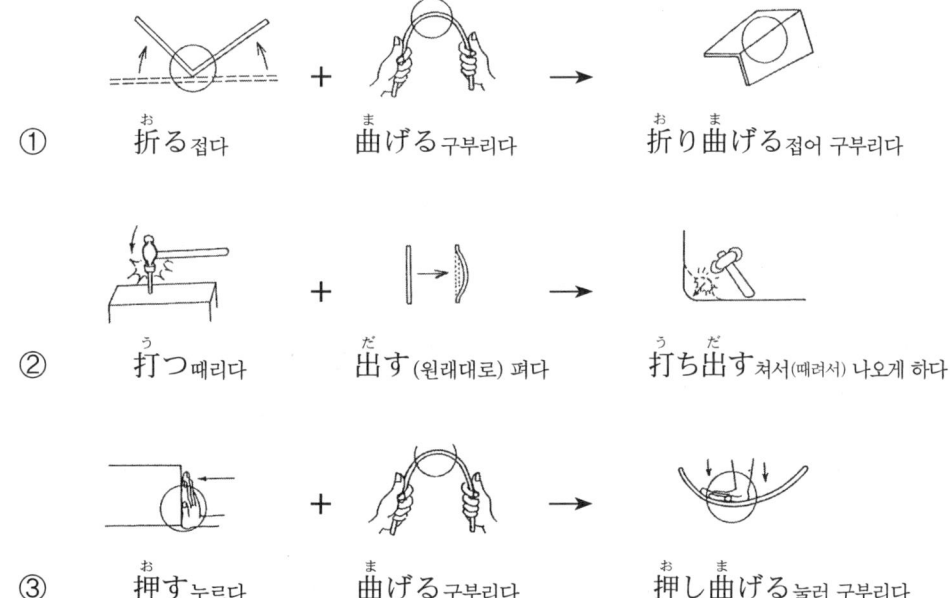

① 折る 접다 ＋ 曲げる 구부리다 → 折り曲げる 접어 구부리다

② 打つ 때리다 ＋ 出す (원래대로) 펴다 → 打ち出す 쳐서(때려서) 나오게 하다

③ 押す 누르다 ＋ 曲げる 구부리다 → 押し曲げる 눌러 구부리다

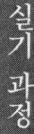

④ 取る 집다　(黒いのを)除く(2) (검은 것을) 제외하다　取り除く 제거하다

⑤ 打つ 때리다　ちぢめる 오므리다　打ちちぢめる 때려서 오므리다

⑥ 引く 잡아당기다　のばす 늘리다　引きのばす 잡아당겨서 늘리다

2. 例のように言いなさい。 예와 같이 말하시오.

[例] この形にするには、どうすればいいですか。
이런 형태로 하기 위해서는 어떻게 하면 좋습니까?
→ aの部分を打ちだせばいいです
a의 부분을 때려서 나오게 하면 됩니다.

1) この形にするにはどうすればいいですか。
이런 형태로 하기 위해서는 어떻게 하면 좋습니까?
→ bの点線の部分を
b의 점선 부분을 _____。

2) この状態にするにはどうすればいいですか。
이런 상태로 하기 위해서는 어떻게 하면 좋습니까?
→ cの面を
c의 면을 _____。

3) この状態にするにはどうすればいいですか。
이런 상태로 하기 위해서는 어떻게 하면 좋습니까?
→ dのごみ(3)を
d의 먼지를 _____。

---

(2) 除く 제외하다　(3) ごみ 먼지

Ⅲ　順序 순서

1. 製作(4)順序(板金) 제작 순서(판금)

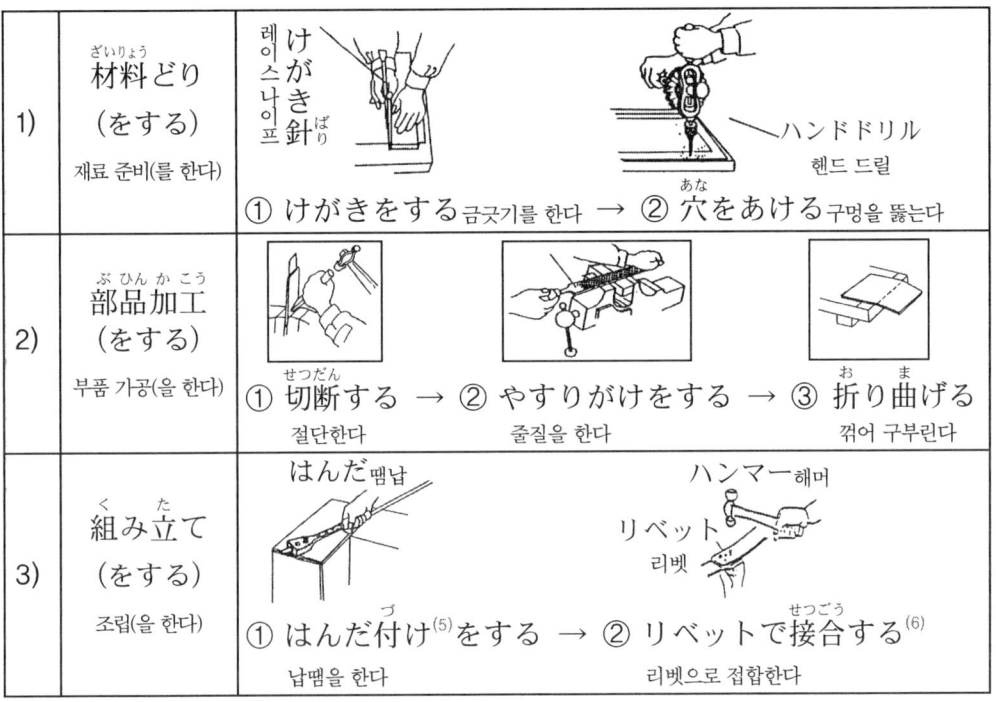

1)	材料どり (をする) 재료 준비(를 한다)	① けがきをする 금긋기를 한다 → ② 穴をあける 구멍을 뚫는다
2)	部品加工 (をする) 부품 가공(을 한다)	① 切断する → ② やすりがけをする → ③ 折り曲げる 　절단한다　　　　줄질을 한다　　　　꺾어 구부린다
3)	組み立て (をする) 조립(을 한다)	① はんだ付け(5)をする → ② リベットで接合する(6) 　납땜을 한다　　　　　리벳으로 접합한다

2. 例のように言いなさい。 예와 같이 말하시오.

　　　［例1］　① 材料どりをする 재료 준비를 한다　② 部品加工をする 부품 가공을 한다

　　　→材料どりをしてから部品加工をします。
　　　　재료 준비를 하고 나서 부품 가공을 합니다.

　　　→材料どりをした後で部品加工をします。
　　　　재료 준비를 한 후에 부품 가공을 합니다.

　　　→部品加工をする前に材料どりをします。
　　　　부품 가공을 하기 전에 재료 준비를 합니다.

---

(4) 製作 제작　　(5) はんだ付け 납땜　　(6) 接合する 접합하다

1)　① けがきをする 금긋기를 한다　　② 穴をあける 구멍을 뚫다

2)　① はんだ付けをする 납땜을 한다.　　② リベットで接合する 리벳으로 접합한다

[例2]　① 材料どりをする　② 部品加工をする　③ 組み立てをする
　　　　　재료 준비를 한다　　　부품 가공을 한다　　　　조립을 한다

→材料どりをしてから部品加工をします。それから組み立てをします。
　재료 준비를 하고 나서 부품 가공을 합니다. 그 다음에 조립을 합니다.

→材料どりをした後で部品加工をします。そのあとで組み立てをします。
　재료 준비를 한 후에 부품 가공을 합니다. 그 후에 조립을 합니다.

→部品加工をする前に材料どりをします。それから組み立てをします。
　부품 가공을 하기 전에 재료 준비를 합니다. 그 다음에 조립을 합니다.

3)　① 切断する　　② やすりがけをする　　③ 折り曲げる
　　　절단하다　　　　줄질을 하다　　　　　접어 구부리다

第11課 板金・塗装 판금·도장

Ⅳ 指を使う動作 손가락을 사용하는 동작

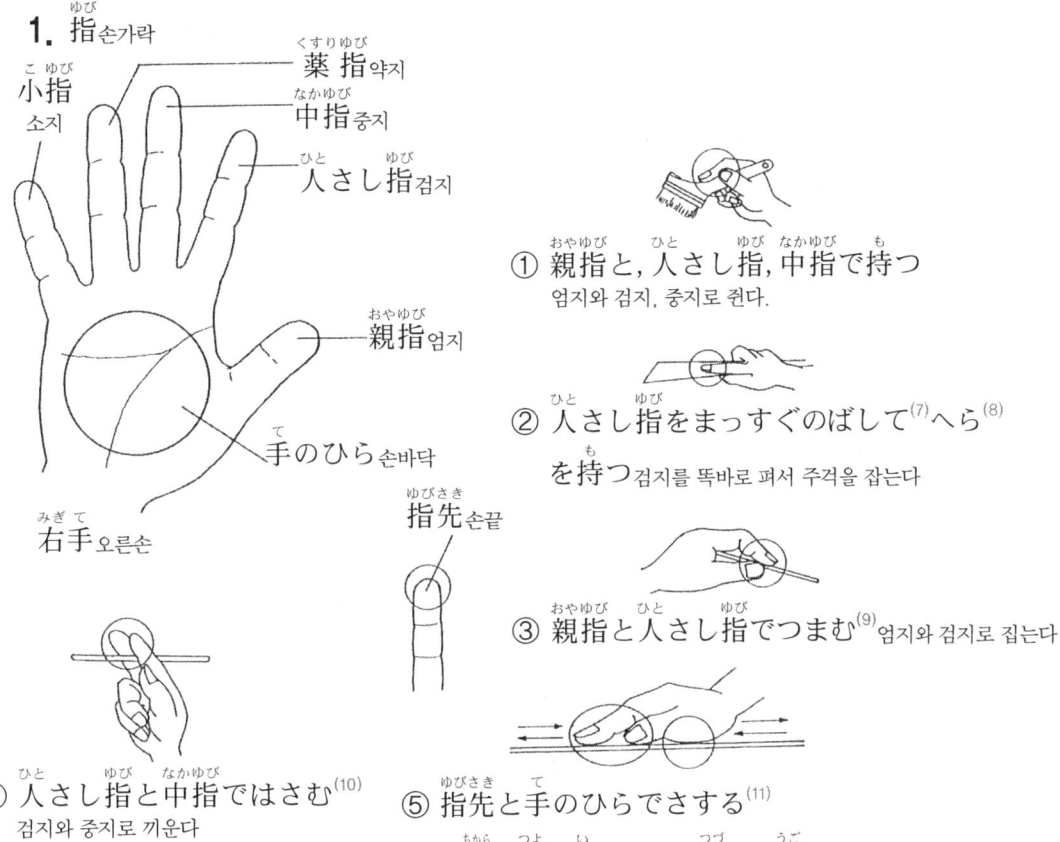

1. 指 손가락
   - 小指 소지
   - 薬指 약지
   - 中指 중지
   - 人さし指 검지
   - 親指 엄지
   - 手のひら 손바닥
   - 右手 오른손
   - 指先 손끝

   ① 親指と，人さし指，中指で持つ
      엄지와 검지, 중지로 쥔다.

   ② 人さし指をまっすぐのばして⁽⁷⁾へら⁽⁸⁾を持つ
      검지를 똑바로 펴서 주걱을 잡는다

   ③ 親指と人さし指でつまむ⁽⁹⁾ 엄지와 검지로 집는다

   ④ 人さし指と中指ではさむ⁽¹⁰⁾
      검지와 중지로 끼운다

   ⑤ 指先と手のひらでさする⁽¹¹⁾
      (=力を強く入れないで続けて動かす)
      손가락 끝과 손바닥으로 문지른다
      (=힘을 강하게 주지 않고 계속해서 움직인다)

2. 例のように言いなさい。 예와 같이 말하시오.

   [例]  親指で押しています。 엄지로 누르고 있습니다.
   押す 누르다

◦→ (7) のばす 펴다 (8) へら 주걱 (9) つまむ 집다 (10) はさむ (사이에) 끼우다
   (11) さする 문지르다

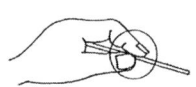  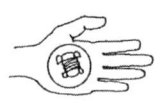

1) つまむ 집다   2) はさむ (손가락 사이로) 끼워서 집다   3) 持つ 잡다

V　塗装 도장

1. 塗り方 바르는 방법

はけ 솔

① 薄く⁽¹²⁾塗る 얇게 바른다   ② 塗り重ねる 겹쳐 바른다   ③ 厚く⁽¹³⁾塗る 두껍게 바른다

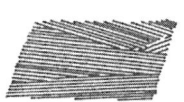 

塗りむら⁽¹⁴⁾がある
얼룩이 있다

④ 塗りむらがないように一様⁽¹⁵⁾に(＝均一に 균일하게)塗る
얼룩이 없도록 똑같이 바른다

2. 注意 주의

塗る 칠하다

　そのあと 그 후　

① 上から下へ塗る
위에서 아래로 칠한다

② 上へ少し返す⁽¹⁶⁾
위로 조금 되돌린다(덧칠)

──────────

→ (12) 薄く 얇게　(13) 厚く 두껍게　(14) 塗りむら 얼룩　(15) 一様 똑같음　(16) 返す 되돌리다

第11課　板金・塗装 판금·도장

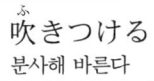
吹きつける 분사해 바른다

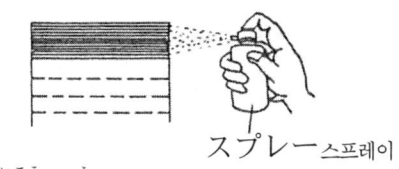
スプレー 스프레이

③ 平行に吹きつける⁽¹⁷⁾ 평행하게 분사해 바른다

さびを落とす⁽¹⁸⁾ 녹을 제거한다

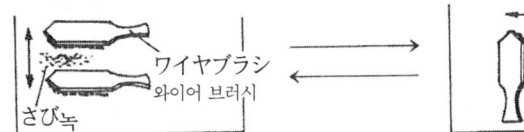
ワイヤブラシ 와이어 브러시
さび 녹

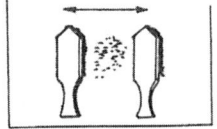

④ たて方向⁽¹⁹⁾にこする 세로 방향으로 문지른다　　⑤ 横方向にこする⁽²⁰⁾ 가로 방향으로 문지른다

(=強く押しあてて⁽²¹⁾続けて動かす)
(=강하게 바짝 대서 움직이다)

交互に⁽²²⁾こする 번갈아 문지르다

3. 例にならって⁽²³⁾質問に答えなさい。 예와 같이 질문에 답하시오.

[例]　塗るとき, どうしますか。 칠할 때 어떻게 합니까?

→　はけで上から下へ塗り, そのあと上へ少し返します。
　　솔로 위부터 아래로 칠하고, 그 후 위로 조금씩 덧칠합니다

1) さびを落とすとき, どうしますか。 녹을 제거할 때 어떻게 합니까?

2) 塗料を吹きつけるとき, どうしますか。 페인트를 분사해서 바를 때 어떻게 합니까?

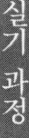

━━ (17) 吹きつける 분사해 바르다　　(18) 落とす 떨어뜨리다　　(19) たて方向 세로 방향
　　(20) こする 문지르다　　(21) 押しあてて 바짝 대서　　(22) 交互に 번갈아　　(23) ならって (본보기를) 따라

실기 과정

第12課

工作機械・溶接 공작 기계·용접

I 工具の用途 공구의 용도

II 加工作業 가공 작업

III 溶接 용접

IV 動作の方向と結果
동작의 방향과 결과

V 注意 주의

I 工具の用途(1) 공구의 용도

1. 工具類 공구류

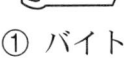
① バイト
   절삭용 칼

| バイト 절삭용 칼 | は | 切削(2)(=切ったり削ったりする)をしたり，工作物(3)を仕上げたりする 절삭(자르거나 깎다)을 하거나 공작물을 마무리하는 | のに使う。 데 사용한다. |

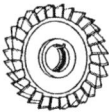
② フライス
   프레이즈(밀링)

| フライス 프레이즈 | は | 工作物の切削加工をする 공작물의 절삭 가공을 하는 | のに使う。 데 사용한다. |

③ やすり
   줄

| やすり 줄 | は | 主として(4)金属(5)を手作業(6)で仕上げる 주로 금속을 수작업으로 마무리하는 | のに使う。 데 사용한다. |

④ 吹管 취관
   (=トーチ 토치)

| 吹管 취관 | は | ガス溶接をする 가스 용접을 하는 | のに使う。 데 사용한다. |

⑤ 保護めがね
   보호 안경

| 保護めがね 보호 안경 | は | ガス溶接をするとき目を保護する 가스 용접을 할 때 눈을 보호하는 | のに使う。 데 사용한다. |

2. 例のように言いなさい。 예와 같이 말하시오.

[例]

| 金切りのこ 쇠톱 | , | 主として棒，板，管(7)などの金属を切断する 주로 막대 봉, 판자, 배관 등의 금속을 절단한다 |

→ | 金切りのこ 쇠톱 | は | 主として棒，板，管などの金属を切断する 주로 막대 봉, 판자, 배관 등의 금속을 절단하는 | のに使います。 데 사용합니다 |

- (1) 用途 용도 (2) 切削 절삭 (3) 工作物 공작물 (4) 主として 주로 (5) 金属 금속
  (6) 手作業 수작업 (7) 管 관(속이 빈 둥근 막대)

第12課　工作機械・溶接 공작 기계・용접

1) マシンリーマ기계 리머, 旋盤(8)などに取りつけて(9)穴を仕上げる 선반 등에 부착해서 구멍을 다듬는다

2) 点火ライタ점화 라이터, ガス溶接をするとき吹管に点火する 가스 용접을 할 때 취관에 점화한다

II　加工作業 가공 작업

1. 加工作業の言いかた 가공 작업의 표현법

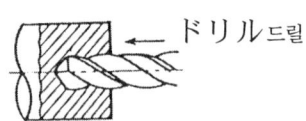

① 穴あけ(=穴をあける作業)
구멍 뚫기(구멍을 뚫는 작업)

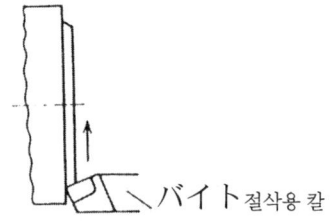

② 面削り(10)(=面を削る作業)
면 깎기(면을 깎는 작업)

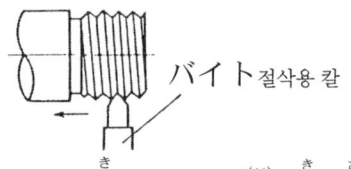

③ おねじ切り(=おねじ(11)を切る作業)
수나사 깎기(=수나사를 깎는 작업)

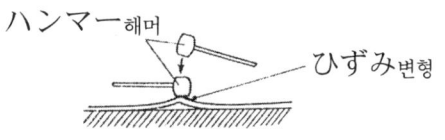

④ ひずみ取り(=ひずみ(12)を取る作業)
변형 바로잡기(=변형을 바로잡는 작업)

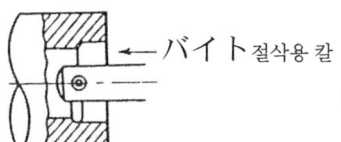

⑤ 中ぐり(=中をくり広げる(13)作業)
보링(=가운데(구멍)를 넓히는 작업)

●→ (8) 旋盤 선반　(9) 取りつける (기계 따위를) 달다　(10) 面削り 면 깎기　(11) おねじ 수나사
(12) ひずみ 변형　(13) くり広げる 펼치다

2. 例にならって言いなさい。 예와 같이 말하시오.

[例]

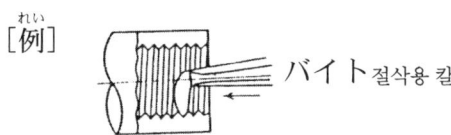

バイト 절삭용 칼

めねじ切り 암나사 → めねじ[14]を切る作業 암나사를 깎는 작업

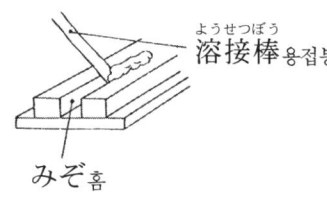

溶接棒 용접봉
みぞ 홈

1) みぞ[15]溶接 홈 용접

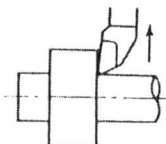

2) 側面[16]削り 측면 깎기

Ⅲ 溶接 용접

1. 方法 방법

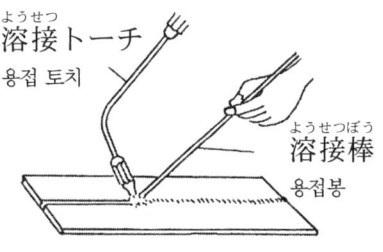

溶接トーチ 용접 토치
溶接棒 용접봉

ガス溶接作業は右手にトーチを
가스 용접 작업은 오른손에 토치를
左手に溶接棒を持って行う[17]。
왼손에 용접봉을 잡고 실시한다

2. 開先形状(=みぞまたはすきま[18])の種類 홈 형상(=홈 또는 틈)의 종류

① Ⅰ形[19] 厚さ3mmから6mm(3mm~6mm)の 薄板[20]の溶接に使われている。
Ⅰ형의 두께 3mm에서 6mm(3mm~6mm)의 얇은 판의 용접에 사용되고 있다.

② V形 厚さ3.2mmから25mm(3.5mm~25mm)の材料の溶接に使われている。
V형 두께 3.2mm에서 25mm(3.2mm~25mm)의 재료 용접에 사용되고 있다.

---

(14) めねじ 암나사　　(15) みぞ 홈　　(16) 側面 측면　　(17) 行う 행하다, 실시하다　　(18) すきま 빈틈
(19) Ⅰ形 Ⅰ형　　(20) 薄板 얇은 판

③ X形厚さ15mmから50mm(15mm～50mm)の材料の溶接に使われている。 X형 두께 15mm에서 50mm(15mm~50mm)의 재료 용접에 사용되고 있다.

④ H形厚さ100mm以上の超厚板(21)の溶接に使われている。 H형 두께 100mm 이상의 매우 두꺼운 판자의 용접에 사용되고 있다.

3. 例のように言いなさい。 예처럼 말하시오.

[例] 厚さ3mmから6mmの薄板 두께 3mm에서 6mm의 얇은 판
→ 3mmから6mmの厚さの薄板 3mm에서 6mm 두께의 얇은 판

1) 深さ3mmから4mmのみぞ 깊이 3mm에서 4mm의 홈 →
2) 幅1.5mmから2.0mmのすきま 폭 1.5mm에서 2.0mm의 틈 →
3) 角度60°から90°の溶接棒の傾き(22) 각도 60°에서 90° 용접봉의 기울기 →

4. 例のように言いかえなさい。 예와 같이 바꿔 말하시오.

[例] 厚さ3mmから6mmの薄板 두께 3mm에서 6mm의 얇은 판
→ 厚さ3mm以上6mm以下の薄板 깊이 3mm 이상 6mm 이하의 얇은 판

1) 深さ3mmから4mmのみぞ 깊이 3mm에서 4mm의 홈 →
2) 幅1.5mmから2.0mmのすきま 폭 1.5mm에서 2.0mm의 틈 →
3) 角度60°から90°の溶接棒の傾き 각도 60°에서 90°인 용접봉의 기울기 →

Ⅳ 動作(23)の方向(24)と結果(25) 동작의 방향과 결과

1. 方向 방향

① 歯車(26)Aを右方向に回す(27) 톱니바퀴 A를 오른쪽 방향으로 돌린다

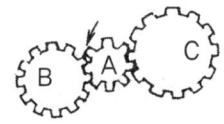
② 歯車Aを左方向に回す 톱니바퀴 A를 왼쪽 방향으로 돌린다

---

(21) 超厚板 매우 두꺼운 판   (22) 傾き 기울기   (23) 動作 동작   (24) 方向 방향
(25) 結果 결과   (26) 歯車 톱니바퀴(기어)   (27) 回す 돌리다

低速 高速
저속 고속

③ レバー⁽²⁸⁾を 손잡이를 { 右方向 오른쪽 방향으로 / 左方向 왼쪽 방향으로 } にたおす⁽²⁹⁾
눕힌다(돌린다)

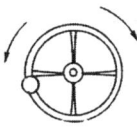
高速 고속
低速 저속

④ レバーを 손잡이를 { 高速側 고속 측 / 低速側 저속 측 } に切りかえる⁽³⁰⁾
으로 바꾼다

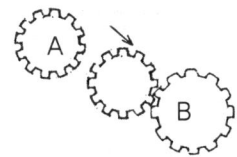

⑤ ハンドルを 핸들을 { 時計方向 시계 방향 / 時計と逆方向⁽³¹⁾ 시계 반대 방향 } に回す
으로 돌린다

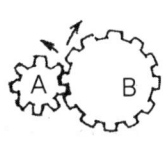

⑥ 歯車Aを右下方向にずらせて⁽³²⁾歯車Bとかみあわせる⁽³³⁾
톱니바퀴 A를 오른쪽 아래 방향으로 비켜 놓고 톱니바퀴 B와 맞물리게 한다

2. 例にならって言いなさい。 예와 같이 말하시오.

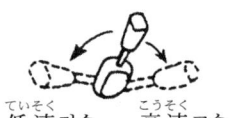

[例] 歯車Aを左方向に回す , 歯車Bは右方向に回る
톱니바퀴 A를 왼쪽 방향으로 돌린다   톱니바퀴 B는 오른쪽 방향으로 돈다

→ 歯車Aを左方向に回す と면 歯車Bは右方向に回ります。
톱니바퀴 A를 왼쪽 방향으로 돌리   톱니바퀴 B는 오른쪽 방향으로 돌아갑니다.

1)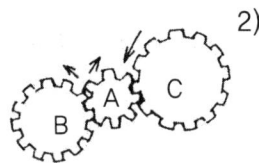

レバーを右方向にたおす , 高速になる
손잡이를 오른쪽 방향으로 눕힌다   고속으로 된다

2) 歯車Bを左方向に回す ,
톱니바퀴 B를 왼쪽 방향으로 돌린다

歯車Aは右方向に回って,
歯車Cは右方向に回る
톱니바퀴 A는 오른쪽 방향으로 돌고,
톱니바퀴 C는 왼쪽 방향으로 돌아간다

---

(28) レバー 손잡이 (29) たおす 눕히다 (30) 切りかえる 바꾸다 (31) 逆方向 반대 방향
(32) ずらせる 비켜 놓다 (33) かみあわせる 맞물리게 하다

Ⅴ 注意 주의

1. 注意すること 주의할 것

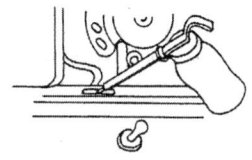

① ハンドシールド⁽³⁴⁾を顔にあてる⁽³⁵⁾
용접 가리개를 얼굴에 대다

② 注油する
기름을 칠하다

③ ヘルメット⁽³⁶⁾をかぶる
헬멧을 쓰다

④ 足カバー⁽³⁷⁾をつける⁽³⁸⁾
다리 커버를 하다

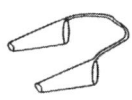
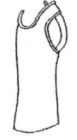

⑤ 腕カバー⁽³⁹⁾をつける
팔 커버를 하다

⑥ 前掛け⁽⁴⁰⁾をつける
앞치마를 입다

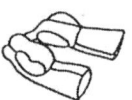

⑦ 皮手袋⁽⁴¹⁾をはめる⁽⁴²⁾
가죽 장갑을 끼우다

● (34) ハンドシールド 용접 가리개   (35) 顔にあてる 얼굴에 대다   (36) ヘルメット 헬멧
(37) 足カバー 다리 커버   (38) つける 착용하다   (39) 腕カバー 팔 커버   (40) 前掛け 앞치마
(41) 皮手袋 가죽장갑   (42) はめる 끼우다

2. 例にならって質問に答えなさい。 예와 같이 질문에 대답하시오.

[例] 機械を使う前に機械の寿命[43]を長くするように必ず何をしますか。 기계를 사용하기 전에 기계 수명을 길게 하기 위해서 반드시 무엇을 합니까?
→ 必ず注油します。 반드시 기름을 칠합니다.

1) アーク溶接をする前に目をいため[44]ないように必ず何をしますか。
   아크 용접을 하기 전에 눈을 다치지 않도록 반드시 무엇을 합니까?
   →

2) アーク溶接をする前に手にやけど[45]をしないように必ず何をしますか。
   아크 용접을 하기 전에 손에 화상을 입지 않도록 반드시 무엇을 합니까?
   →

---

(43) 寿命 수명   (44) 目をいためる 눈을 다치다   (45) やけど 화상

실기 과정

第13課

手仕上げ 손 다듬질

I 工具の用途 공구의 용도

II 作業の方法 작업 방법

III 角度 각도

IV 工具の持ち方 공구의 쥐는 법

V 注意 주의

I 工具の用途 공구의 용도

1. 工具類 공구류

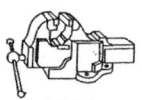

① 万力 바이스

| 万力 바이스 | は는 | 工作物を固定する⁽¹⁾
공작물을 고정하기 | ために使う。
위해서 사용한다. |

② Vブロック V형 블록

| Vブロック V형 블록 | は는 | 工作物をのせて⁽²⁾けがきをする
공작물을 올려서 금긋기를 하기 | ために使う。
위해서 사용한다. |

③ たがね 정

| たがね 정 | は은 | 鋳物⁽³⁾などの表面を削ったり,
工作物を切断したりする
주물 등의 표면을 깎거나 공작물을 절단하기 | ために使う。
위해서 사용한다. |

④ 定盤 정반(조형대)

| 定盤 정반 | は은 | 工作物をのせて心出し⁽⁴⁾(=丸棒などの中心を出す⁽⁵⁾こと), けがき, 測定などをする
공작물을 올려서 회전축의 중심을 조정하고(=둥근 봉 등의 중심을 맞추는 것), 금긋기, 측정 등을 하기 | ために使う。
위해서 사용한다. |

⑤ やすり 줄

| やすり 줄 | は은 | 平面の加工, 外側・内側の曲面削り⁽⁶⁾, 面取り⁽⁷⁾などを行う
평면의 가공, 외측・내측의 곡면 깎기, 목귀질 등을 행하기 | ために使う。
위해서 사용한다. |

● (1) 固定する 고정하다 (2) のせる 올리다 (3) 鋳物 주물 (4) 心出し 회전축의 중심을 조정하는 작업
　(5) 出す 내다 (6) 曲面削り 곡면 깎기 (7) 面取り 목귀질

2. 例にならって言いなさい。 예와 같이 말하시오.

[例]

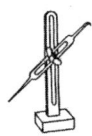

| トースカン
스크라이빙 블록 | , | 工作物の面にけがきをする
공작물의 면에 금긋기를 한다 |

| トースカン
스크라이빙 블록 | 은 | 工作物の面にけがきをする
공작물의 면에 금긋기를 하기 | ために使います。
위해서 사용합니다. |

1) 金切りばさみ 함석 가위 , 板をまっすぐ切ったり，曲面に切ったり，板の内側を曲線に切ったりする
판자를 반듯하게 자르거나, 곡면으로 자르거나 판자의 내측을 곡선으로 자르기도 한다

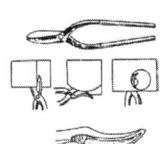

2) きさげ 스크레이퍼 , やすりや機械による[8]仕上げ面をさらに[9]精密に仕上げる
줄이나 기계로 다듬는 면을 더욱 정밀하게 다듬는다

II 作業の方法 작업 방법

1. 具体的[10]方法 구체적 방법

① 弓のこ[11]は押して切ります。 실톱은 눌러서 자릅니다.

⇨ (8) による ~에 의한　(9) さらに 더욱　(10) 具体的 구체적　(11) 弓のこ(＝金切りのこ) 활톱(실톱)

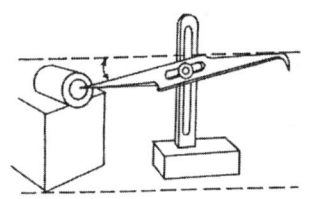
② トースカンの針先(12)を少しさげてけがきをします。
스크라이빙 블록의 바늘 끝을 조금 내려서 줄긋기를 합니다.

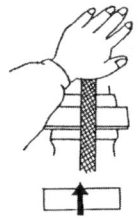
③ 直進法 직진법: やすりをまっすぐ進めて(13)やすりがけをします。 줄을 반듯이 밀어서 줄질을 합니다.

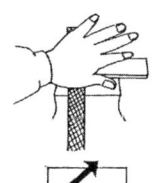
④ 斜進法 사진법: やすりを右斜め前方に押し進めてやすりがけをします。 줄을 오른쪽 경사 앞 방향으로 밀어서 줄질을 합니다.

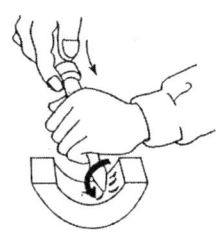
⑤ 柄(14)を握った(15)右手で押しながらひねって(16)きさげを進めます。 손잡이를 쥔 오른손으로 누르면서 비틀어 스크레이퍼를 밉니다.

2. 例にならって質問に答えなさい。 예와 같이 질문에 대답하시오.

[例] 弓のこを使う場合, どうやって切りますか。
실톱을 사용하는 경우 어떻게 자릅니까?
→ 押して切ります。 눌러서 자릅니다.

1) きさげをかける場合, どうやってきさげを進めますか。
스크레이퍼(금속 표면을 깎는 끌의 일종) 작업을 할 때 어떻게 스크레이퍼를 밉니까?

⌐◦ (12) 針先 바늘 끝   (13) 進める 밀다   (14) 柄 손잡이   (15) 握る 쥐다   (16) ひねる 비틀다

2) 斜進法を行う場合, どうやってやすりがけをしますか。
사진법을 행할 경우, 어떻게 줄질을 합니까?

3) トースカンを使う場合, どうやってけがきをしますか。
스크라이빙 블록을 사용할 경우 어떻게 금을 긋습니까?

4) 直進法を行う場合, どうやってやすりがけをしますか。
직진법을 행할 경우 어떻게 줄질을 합니까?

Ⅲ 角度 각도

1. 工作物と工具のなす[17]角度 공작물과 공구가 이루는 각도

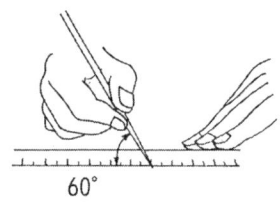

① けがき針でけがき線をひくとき, けがき針と工作物のなす角度を60°ぐらいにする。
레이스 나이프로 금을 그을 때, 레이스 나이프와 공작물이 이루는 각도를 60° 정도로 한다.

② 平きさげ[18]で切削するとき, 平きさげと工作物のなす角度を45°ぐらいにする。
평스크레이퍼로 절삭할 때, 평스크레이퍼와 공작물이 이루는 각도를 45° 정도로 한다.

○○ (17) なす 이루다　(18) 平きさげ 평스크레이퍼

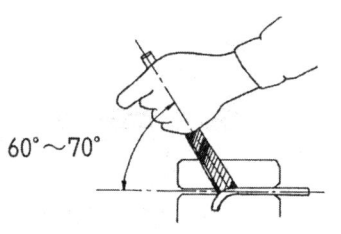
③ 平たがね⁽¹⁹⁾で板材を切断するとき、工作物と平たがねのなす角度を60°〜70°ぐらいにする。

평형 정으로 판재를 절단할 때, 공작물과 평형 정이 이루는 각도를 60°〜70° 정도로 한다.

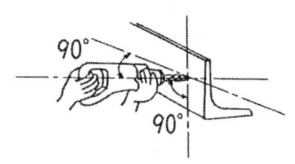
④ 電気ドリルで作業をするとき、工作物と電気ドリルのなす角度を90°にする。

전기 드릴로 작업을 할 때, 공작물과 전기 드릴이 이루는 각도를 90°로 한다.

2. 次の図は正しく⁽²⁰⁾ありません。例のように、改める⁽²¹⁾点⁽²²⁾を指摘⁽²³⁾しなさい。

다음 그림은 바르지 않습니다. 예와 같이 고칠 점을 지적하시오.

[例] → 工作物と電気ドリルのなす角度を90°に変えます。

공작물과 전기 드릴이 이루는 각도를 90°로 바꿉니다.

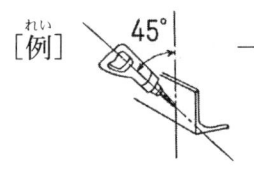
1)

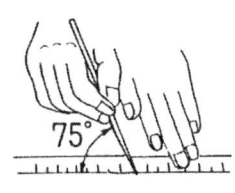
2)

● (19) 平たがね 평형 정　(20) 正しく 바르게　(21) 改める 수정하다　(22) 点 점　(23) 指摘 지적

Ⅳ 工具の持ち方 공구의 쥐는 법

1. 工具とその持ち方 공구와 그 쥐는 법

1) ポンチ 펀치

工作物
공작물

또는

① 5本の指でポンチをささえて
小指は工作物にふれる(24)
다섯 손가락으로 펀치를 지탱하고
새끼손가락은 공작물에 댄다

② 親指, 人さし指, 中指で
ポンチをささえる
엄지, 검지, 중지로 펀치를 지탱한다

2) ハンマー 망치

親指, 人さし指, 中指で握って
残りの指は(25)軽くそえる(26)
엄지, 검지, 중지로 쥐고
나머지 손가락은 가볍게 붙인다

3) たがね 정

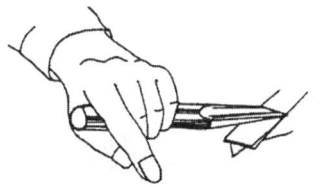

親指と人さし指ではさんで中指と
薬指で軽く握る。小指は力を入れ
ないで軽くそえるだけ
엄지와 검지로 끼워서 집고 중지와 약지로는 가볍게 쥔다.
새끼손가락은 힘을 주지 않고 가볍게 붙일 뿐

→ (24) ふれる 접촉하다, 대다　(25) 残りの指は 남은 손가락은　(26) そえる 붙이다

4) やすり줄

① 柄の頭を右手の手のひらの中央(27)のくぼみ(28)にあてて
손잡이의 머리를 오른손 손바닥 중앙의 움푹 팬 곳에 대고

② 4本の指で包んで(29)
네 손가락으로 감싸서

③ 親指を上からまわして(30)握る
엄지를 위부터 돌려서 쥔다

2. 次の工具の持ち方はまちがって(31)います。正しい持ち方にするにはどのようにしますか。 다음 공구의 쥐는 법은 잘못되어 있습니다. 바르게 쥐기 위해서는 어떻게 합니까?

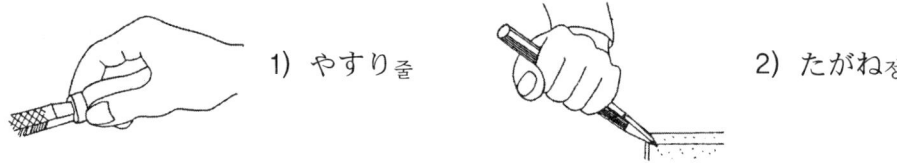

1) やすり줄

2) たがね정

V 注意 주의

1. はつり(32)作業 깎아내기 작업

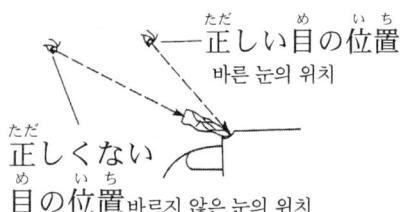

正しい目の位置
바른 눈의 위치

正しくない目の位置
바르지 않은 눈의 위치

① 目はたがねの刃先(33)を見るようにする。たがねの頭を見てはいけない。
눈은 정의 날 끝을 보도록 한다. 정의 머리(부분)를 보면 안 된다.

----

(27) 中央 중앙　(28) くぼみ 움푹 팬　(29) 包む 감싸다　(30) まわす 돌리다
(31) まちがって 잘못되어　(32) はつり 깎아내기　(33) 刃先 날 끝

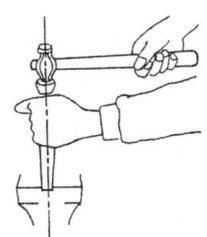
② 打ちおろした⁽³⁴⁾ハンマーがたがねの頭に当たる⁽³⁵⁾とき、ハンマーの中心線とたがねの中心線が一直線になるようにする。

내려 찍은 해머가 정의 머리에 닿을 때 해머와 정의 중심선이 직선이 되지 않도록 한다.

2. やすり作業 줄 작업

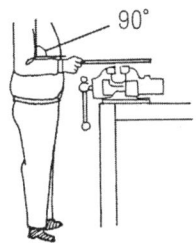
① やすり作業を始めるとき、まずやすりを工作物の上にのせて右ひじ⁽³⁶⁾がほぼ⁽³⁷⁾直角になる位置に立つようにする。

줄 작업을 시작할 때, 먼저 줄을 공작물 위에 올려서 오른쪽 팔꿈치가 거의 직각이 되는 위치에 서게 한다.

② 右ひじを体にぴったりとくっつける⁽³⁸⁾ようにする。

오른쪽 팔꿈치를 몸에 딱 붙이도록 한다.

3. 次の図の中には、正しいものと正しくないものがあります。正しくない場合、どのようにしないといけませんか。

다음 그림 중에 바른 것과 바르지 않은 것이 있습니다. 바르지 않은 경우 어떻게 해야 합니까?

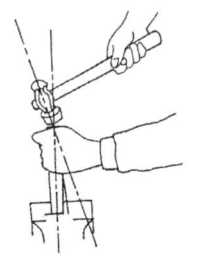 1) 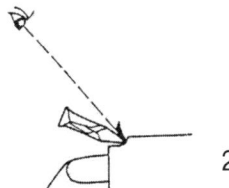 2)  3)

---

(34) 打ちおろす 내려 찍다　(35) 当たる 닿다　(36) 右ひじ 오른쪽 팔꿈치　(37) ほぼ 거의
(38) くっつける 붙이다

실기 과정

第14課

自動車整備 자동차 정비

I インジェクション・ノズルの分解
분사 노즐의 분해

II 部品の点検 부품의 점검

III ピストン・ピンの交換 피스톤 핀의 교환

IV 組み付け 맞춰 넣기

V 工具, 機器の取りあつかい
공구, 기기의 취급

I　インジェクション・ノズルの分解⁽¹⁾ 분사 노즐의 분해

1. 分解の順序⁽²⁾ 분해 순서

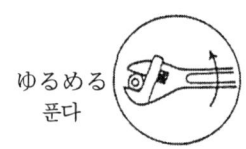
ゆるめる
푼다

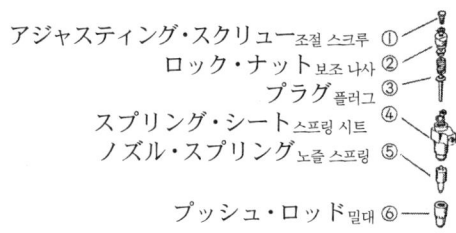

アジャスティング・スクリュー 조절 스크루 ①
ロック・ナット 보조 나사 ②
プラグ 플러그 ③
スプリング・シート 스프링 시트 ④
ノズル・スプリング 노즐 스프링 ⑤
プッシュ・ロッド 밀대 ⑥

まず、②をゆるめる⁽³⁾。 먼저 ②를 푼다.
次に、①をゆるめる。 다음에 ①을 푼다
それから、③をゆるめる。 그리고 나서 ③을 푼다
そして、④と⑤と⑥を取りはずす⁽⁴⁾。
그리고 ④, ⑤, ⑥을 해체한다.

2. 上の言いかたを使って練習しなさい。 위의 말투를 사용해 연습하세요.

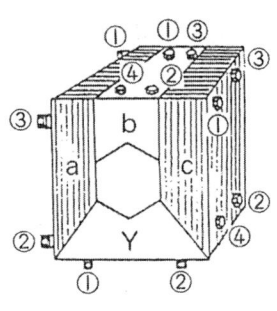

[例] まず、①をゆるめます。 먼저 ①을 풉니다.
次に、②をゆるめます。 다음에 ②를 풉니다.
そして、Yを取りはずします。 그리고 Y를 해체합니다.

1) _____
2) _____
3) _____

3. 2.の図を使って例のように練習しなさい。 2의 그림을 사용해서 예와 같이 연습하시오.

[例] ①と②とYを軽油⁽⁵⁾できれいに洗ってから、作業台⁽⁶⁾の上に一緒に並べておきます。 ①과 ②와 Y를 경유로 깨끗하게 씻고 나서 작업대 위에 함께 나열해 놓습니다.

1) _____
2) _____
3) _____

---

(1) 分解 분해　(2) 順序 순서　(3) ゆるめる 풀다　(4) 取りはずす 해체하다　(5) 軽油 경유
(6) 作業台 작업대

Ⅱ 部品の点検 부품의 점검

1. 装置の各部を調べる場合, 1) 目視点検による方法と, 2) 測定による方法がある。

장치의 각 부분을 조사할 경우, 1) 육안 점검에 의한 방법과 2) 측정에 의한 방법이 있다.

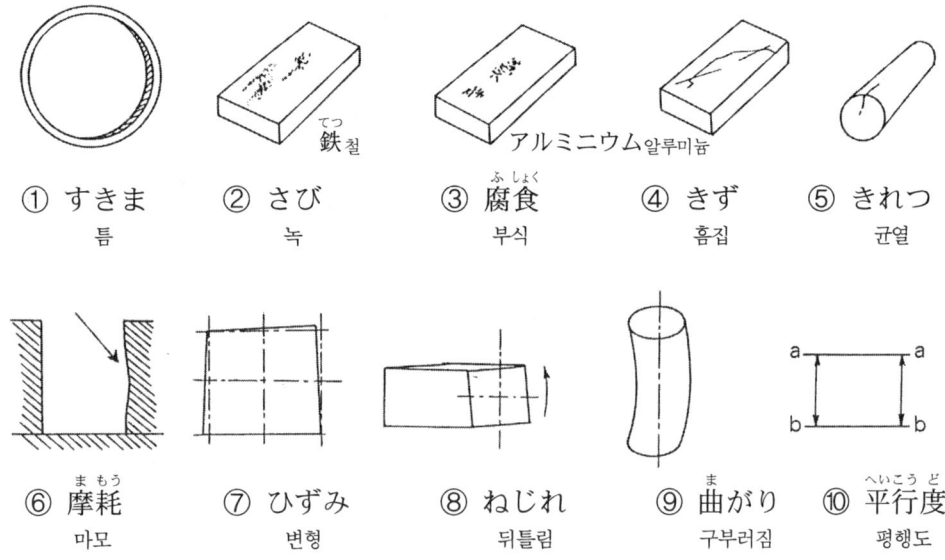

① すきま　　② さび　　③ 腐食　　④ きず　　⑤ きれつ
　틈　　　　　녹　　　　부식　　　　흠집　　　균열

⑥ 摩耗　　⑦ ひずみ　　⑧ ねじれ　　⑨ 曲がり　　⑩ 平行度
　마모　　　변형　　　　뒤틀림　　　구부러짐　　평행도

2. 上の図の中で, 目視点検によって簡単に発見できるものはどれですか。

위의 그림 중에서 육안 점검에 의해 간단히 발견할 수 있는 것은 어느 것입니까?

3. 上の図の①～⑨を使って, 例のように練習しなさい。

위의 그림 ①~⑨를 사용하여 예와 같이 연습하시오.

例　① すきま→すきまがあるかどうかよく調べる必要があります。

①틈 → 틈이 있는지 없는지 잘 살펴볼 필요가 있습니다.

4. 上の図の①～⑨を使って, 例のように練習しなさい。

위의 그림 ①~⑨를 사용하여 예와 같이 연습하시오.

例　① すきま→すきまがないかどうかよく調べる必要があります。

①틈 → 틈이 없는지 어떤지 잘 살펴볼 필요가 있습니다.

---

(7) 部品 부품　　(8) 点検 점검　　(9) 装置 장치　　(10) 各部 각 부분　　(11) 目視点検 육안 점검
(12) 方法 방법　　(13) 測定 측정　　(14) 発見 발견

Ⅲ ピストン・ピンの交換(15) 피스톤 핀의 교환

ピストン・ピン 피스톤 핀

1. ピンを抜く(16) 핀을 뽑는다

しずかに入れる　　しずかに取りだす(17)　　ピストン・バイスにはさむ(18)　　木片(19)などでピンをおしだす(20)
차분히 넣는다　　　차분히 꺼낸다　　　　피스톤 바이스에 끼운다　　　　나무조각 등으로 핀을 밀어낸다

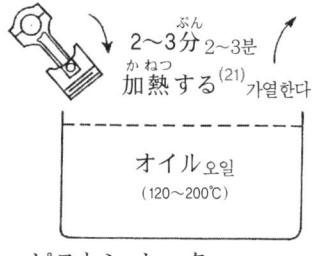
2～3分 2~3분
加熱する(21) 가열한다
オイル 오일
(120～200℃)
ピストン・ヒーター 피스톤 히터

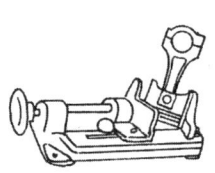

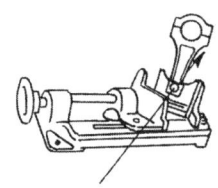

2. ピンをそう入する(22) 핀을 삽입한다.

しずかに入れる　　しずかに取りだす　　ピストン・バイスにはさむ　　ピンを親指でおしこむ(23)
차분히 넣는다　　　차분히 꺼낸다　　　피스톤 바이스에 물린다　　　핀을 엄지로 밀어 넣는다

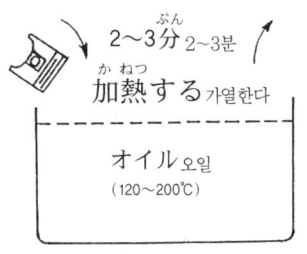
2～3分 2~3분
加熱する 가열한다
オイル 오일
(120～200℃)
ピストン・ヒーター 피스톤 히터

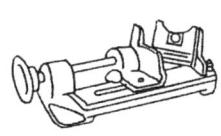

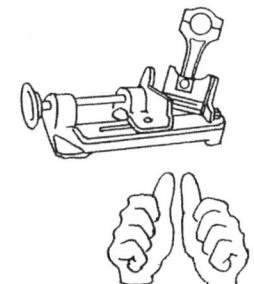

3. 1.の図を見ながら、ピストン・ピンを抜く手順を説明しなさい。
1의 그림을 보면서 피스톤 핀을 뽑는 순서를 설명하시오.

4. 2.の図を見ながら、ピストン・ピンをそう入する手順を説明しなさい。
2의 그림을 보면서 피스톤 핀을 삽입하는 순서를 설명하시오.

---

(15) 交換 교환　(16) 抜く 빼다, 뽑다　(17) 取りだす 꺼내다　(18) はさむ 끼우다　(19) 木片 나무조각
(20) おしだす 밀어내다　(21) 加熱する 가열하다　(22) そう入する 삽입하다　(23) おしこむ 밀어넣다

Ⅳ 組み付け 맞춰 넣기

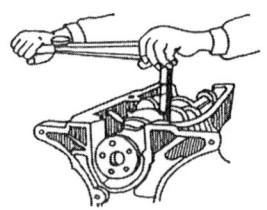

1. 例のように練習しなさい。 예와 같이 연습하시오.

[例]  Yを①に組み付けます。 Y를 ①에 맞춰 넣습니다.

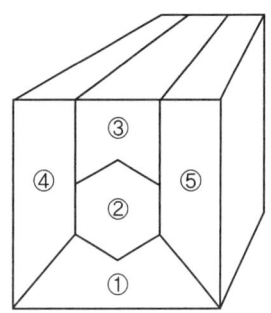

1)  _____

2)  _____

3)  _____

4)  _____

2. エンジンの試運転[24]と調整[25] 엔진의 시운전과 조정

1) 試運転に入る[26]前に, 次のような箇所[27]を点検し, 調整しておく。
   시운전에 들어가기 전에 다음과 같은 장소를 점검하고 조정해 둔다.

> ① バッテリ液 배터리 용액　② ラジエータの水 라디에이터의 물　③ エンジン・オイル 엔진 오일　④ 燃料 연료　⑤ ディストリビュータ 배전기
> ⑥ 点火時期 점화 시기　⑦ 点火プラグ 점화 플러그　⑧ 電気配線 전기 배선
> ⑨ Vベルト V벨트　⑩ バルブ・クリアランス 밸브 틈새

━●━ (24) 試運転 시운전　(25) 調整 조정　(26) 入る 들어가다　(27) 箇所 장소, 개소

2) 試運転に入ったら, 次のような項目(28)を点検し, 調整する。
시운전에 들어가면 다음과 같은 항목을 점검하고 조정한다.

---

① 油圧 유압 ② 冷却水出口の温度 냉각수 출구의 온도 ③ 漏れ 빠짐(水漏れ 누수, 油漏れ 기름이 샘, ガス漏れ 가스가 샘) ④ 異音 이상음, 振動 진동 ⑤ キャブレタ 카뷰레터 ⑥ タイミング 타이밍 ⑦ カム・アングル 캠 앵글 ⑧ 無負荷最高・最低回転数 무부하 최고・최저 회전수 ⑨ 加減速試験 가속・감속 시험

V 工具, 機器(29)の取りあつかい(30) 공구, 기기의 취급

1. 機器の取りあつかい 기기의 취급

1) 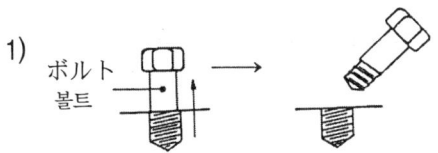 ボルトを抜く(31) 볼트를 빼다

2) 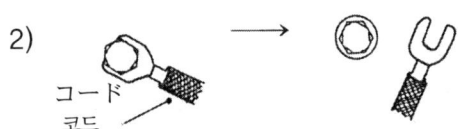 コードをはずす(32) 코드를 빼다

3)  レバーをにぎる(33) 손잡이를 쥐다

→ (28) 項目 항목   (29) 機器 기기   (30) 取りあつかい 취급   (31) 抜く 빼다
(32) はずす 떼어 내다, 빼다   (33) にぎる 쥐다

4)
スイッチスイッチ
スイッチをスイッチを { 入れる(34)넣다 / ONにするON으로 하다

5)
スイッチをスイッチを { 切る(35)끄다 / OFFにするOFF로 하다

6)
エンジンをエンジン을 { かける(36)걸다 / 始動する(37)시동하다 / スタートする스타트하다

7) エンジンをエンジン을 { とめる(38)멈추다 / 停止する(39)정지하다 / ストップする멈추다

2. 工具の取りあつかい 공구의 취급

ハンドル핸들 ソケット소켓

ハンドルにソケットを取りつける(40)
핸들에 소켓을 부착하다

---

(34) 入れる넣다　(35) 切る끄다　(36) かける걸다　(37) 始動する 시동을 하다(걸다)
(38) とめる 멈추다　(39) 停止する 정지하다　(40) 取りつける 부착하다

실기 과정

第15課

電気 전기

Ⅰ 図記号 그림 기호
Ⅱ 測定 측정
Ⅲ 組み立て 조립
Ⅳ 調整 조정
Ⅴ 回路 회로

I 図記号 그림 기호

1. 記号と意味 기호와 의미

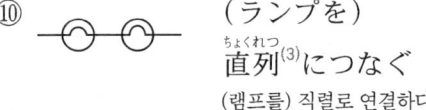 (1) 抵抗 저항   (2) つながる 연결되다   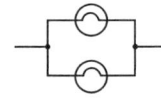 (3) 直列 직렬   (4) 並列 병렬

2. 次の回路⁽⁵⁾には, どんなものが使われていますか。例にならって答えなさい。
다음 회로에는 어떤 것이 사용되고 있습니까? 예와 같이 대답하시오.

[例] 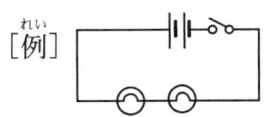 乾電池⁽⁶⁾2個とスイッチ1個とランプ2個が使われています。 건전지 2개와 스위치 1개와 램프 2개가 사용되고 있습니다.

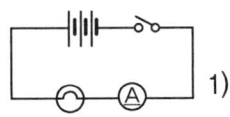 1)   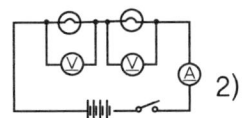 2)

II 測定 측정

1. 回路計 회로계

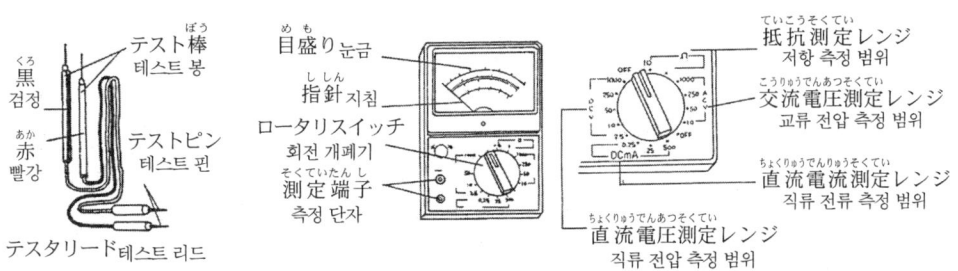

回路計を使って①直流(DC), 交流(AC)の電圧 ②直流電流 ③抵抗などの量⁽⁷⁾が測定できる。
회로계를 사용해서 ① 직류(DC), 교류(AC)의 전압 ② 직류 전류 ③ 저항 등의 양을 측정할 수 있다.

---

(5) 回路 회로　(6) 乾電池 건전지　(7) 量 양

2. 電圧測定の手順 전압 측정 순서

① ロータリスイッチを直流または交流電圧測定レンジに切りかえる。測定値(8)を予想して(9)ロータリスイッチを適した(10)測定レンジに合わせる。測定値が予想できない場合は最大(11)レンジからためし(12)ていく。

회전 개폐기를 직류 또는 교류 전압 측정 범위로 바꾼다. 측정치를 예상해서 회전 개폐기를 적합한 측정 범위에 맞춘다. 측정치가 예상되지 않는 경우는 최대 범위부터 시험해 간다.

② 測定対象(13)にテスト棒を接触させる(14)。 측정 대상에 테스트 봉을 접촉시킨다.

③ 指針(15)が止まったら測定値を読む。このとき指針の真上(16)から見る。
지침이 정해지면 측정치를 읽는다. 이때 지침의 중앙 위에서부터 본다.

④ 記録する(17)。 기록한다

3. 例にならって言いなさい。 예와 같이 말하시오.

[例]　ACV, 1000
→ 交流の電圧を測定するとき, 測定値が予想できない場合は, 最大レンジの1000Vレンジからためしていきます。

교류의 전압을 측정할 때, 측정치가 예상되지 않을 경우, 최대 범위인 1000V 범위부터 테스트해 갑니다.

1) DCV, 1000　　2) DCmA, 500

4. 下図のA, B, Cの指針を例のようにそれぞれの測定レンジで読みなさい。

아래 그림 A, B, C의 지침을 예와 같이 각각의 측정 범위로 읽으시오.

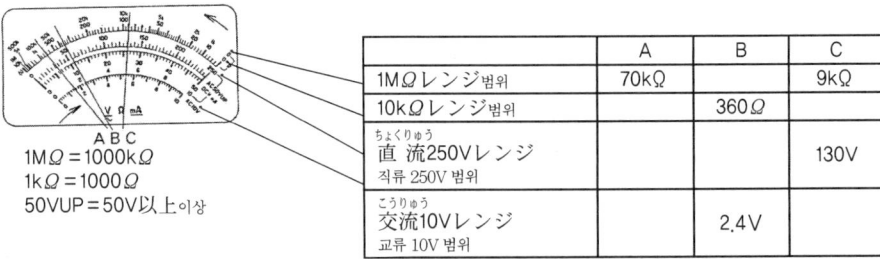

$1MΩ = 1000kΩ$
$1kΩ = 1000Ω$
50VUP = 50V以上 이상

	A	B	C
1MΩレンジ 범위	70kΩ		9kΩ
10kΩレンジ 범위		360Ω	
直流250Vレンジ 직류 250V 범위			130V
交流10Vレンジ 교류 10V 범위		2.4V	

---

(8) 測定値 측정치　(9) 予想する 예상하다　(10) 適した 적합한　(11) 最大 최대
(12) ためす 시험하다　(13) 対象 대상　(14) 接触させる 접촉시키다　(15) 指針 지침
(16) 真上 중앙 위　(17) 記録する 기록하다

Ⅲ 組み立て 조립

1. 回路を組み立てる 회로를 조립한다

1) プリント基板⁽¹⁸⁾に設計する⁽¹⁹⁾ 프린트 기판에 설계한다

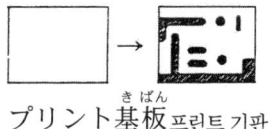
プリント基板 프린트 기판

2) 部品を取り付ける 부품을 부착한다

① 部品のリード線⁽²⁰⁾をはんだめっき⁽²¹⁾する。
부품 도선을 땜납 도금한다.

② 配線図⁽²²⁾にしたがって⁽²³⁾リード線を穴にさしこむ⁽²⁴⁾。
배선도에 따라서 도선을 구멍에 꽂는다.

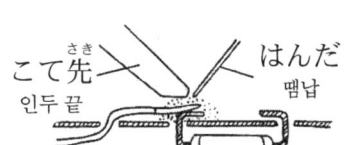

③ リード線を短く切って折り曲げる。
도선을 짧게 잘라서 접어 구부린다.

3) はんだ付け⁽²⁵⁾する 납땜한다

リード線をはんだ付けする。 도선을 납땜한다.

4) 点検する 점검한다

① 配線図, 配置図⁽²⁶⁾を見ながら回路にまちがい⁽²⁷⁾がないか確かめる⁽²⁸⁾。
배선도, 배치도를 보면서 회로에 잘못이 없는지 확인한다.

② はんだ付けがうまく⁽²⁹⁾できているかどうか確かめる。
납땜질이 잘 되어 있는지 확인한다.

③ 回路の導通テスト⁽³⁰⁾をする。
회로의 도전 테스트를 한다.

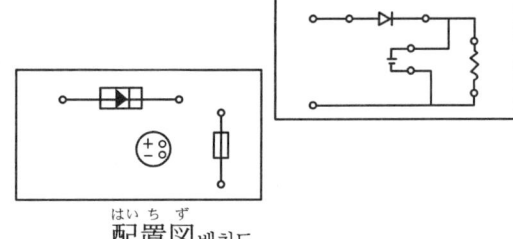

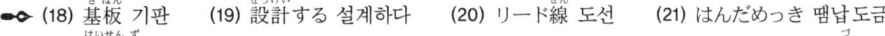

- (18) 基板 기판　(19) 設計する 설계하다　(20) リード線 도선　(21) はんだめっき 땜납도금
- (22) 配線図 배선도　(23) にしたがって ~에 따라서　(24) さしこむ 꽂다　(25) はんだ付け 납땜
- (26) 配置図 배치도　(27) まちがい 잘못　(28) 確かめる 확인하다　(29) うまく 잘
- (30) 導通テスト 도전 테스트

5) 電源⁽³¹⁾を接続する 전원을 접속한다
　　＋極か－極か極性⁽³²⁾に注意して接続する。
　　＋극인지 －극인지 극성에 주의해서 접속한다.

2. 例のように言いなさい。 예와 같이 말하시오.

[例] ① プリント基板に設計する 프린트 기판에 설계한다
　　　② 部品を取り付ける 부품을 부착한다
　　　③ はんだ付けする 납땜한다

　　→ プリント基板に設計します。 프린트 기판에 설계합니다.
　　　そうしたら部品を取り付けます。 그리고 나서 부품을 부착합니다.
　　　その次にはんだ付けします。 그 다음에 납땜을 합니다.

1) ① 部品のリード線をはんだめっきする 부품의 도선을 땜납 도금한다
　 ② 配線図にしたがってリード線を穴にさしこむ 배선도에 따라 도선을 구멍에 꽂는다
　 ③ リード線を短く切って折り曲げる 도선을 짧게 잘라서 접어 구부린다

2) ① 配線図, 配置図を見ながら回路にまちがいがないか確かめる
　　　배선도, 배치도를 보면서 회로에 잘못이 없는지 확인한다
　 ② はんだ付けがうまくできているかどうか確かめる
　　　납땜이 잘 되어 있는지 확인한다
　 ③ 回路の導通テストをする
　　　회로의 도전 테스트를 한다

---

(31) 電源 전원　　(32) 極性 극성

IV 調整 조정

1. 調整のし方 조정 방법

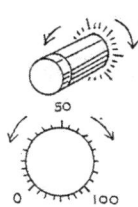

つまみ⁽³³⁾を右に回したり左に回したりして調整する。
손잡이를 오른쪽으로 돌리거나 왼쪽으로 돌려서 조정한다.

ボリューム⁽³⁴⁾を上げたり下げたりして調整する。
볼륨을 올리거나 내려서 조정한다.

2. 調整の言い方 조정의 표현법

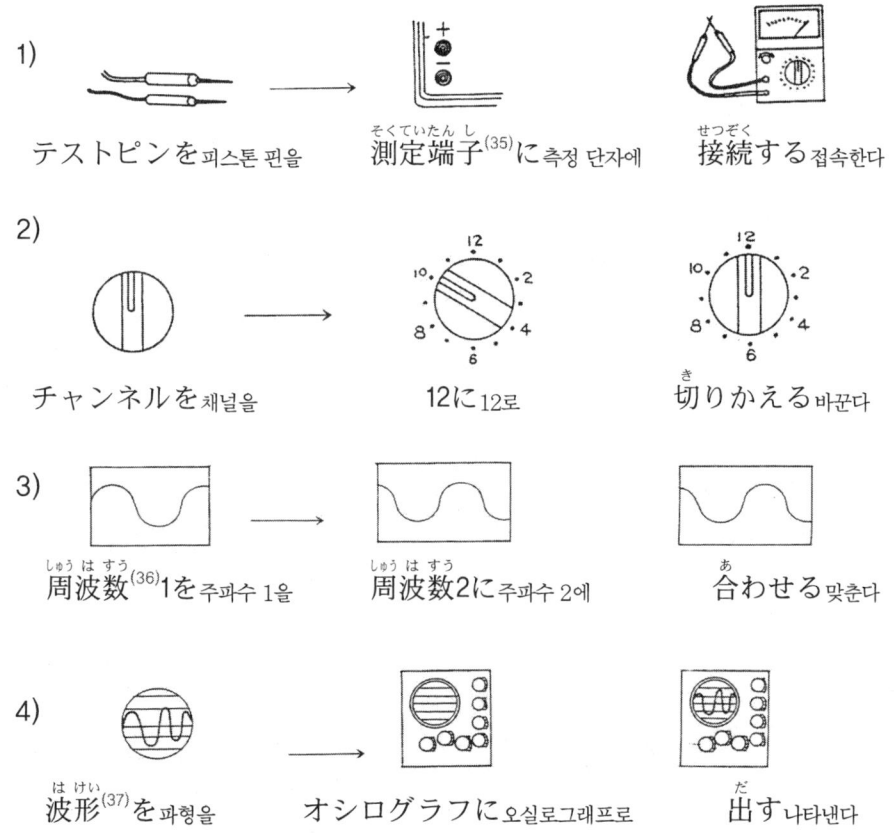

1) テストピンを 피스톤 핀을 → 測定端子⁽³⁵⁾に 측정 단자에　接続する 접속한다

2) チャンネルを 채널을 → 12に 12로　切りかえる 바꾼다

3) 周波数⁽³⁶⁾1を 주파수 1을 → 周波数2に 주파수 2에　合わせる 맞춘다

4) 波形⁽³⁷⁾を 파형을 → オシログラフに 오실로그래프로　出す 나타낸다

○━ (33) つまみ 손잡이　(34) ボリューム 볼륨　(35) 測定端子 측정 단자　(36) 周波数 주파수
(37) 波形 파형

3. 下図は, 回路計のロータリスイッチです。例にならってロータリスイッチの位置を書きこみ⁽³⁸⁾なさい。

아래 그림은 회로계의 회전 개폐기입니다. 예와 같이 회전 개폐기의 위치를 써넣으시오.

[例] 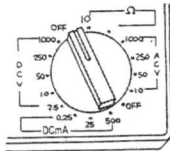 ACVの50Vレンジに切りかえます →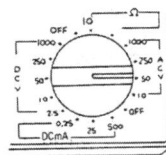
ACV의 50V 범위로 바꿉니다.

1) DCVの50Vレンジに切りかえます→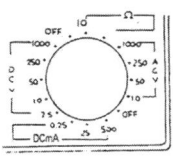
DCV의 50V 범위로 바꿉니다.

2) 10kΩレンジに切りかえます→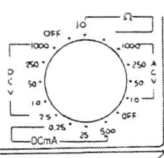
10㏀ 범위로 바꿉니다.

V 回路 회로

1. 電流の流れ⁽³⁹⁾方 전류의 흐름 방식

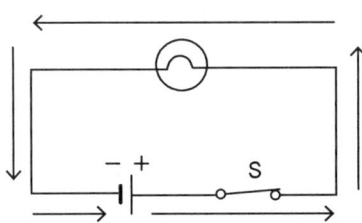

電流は＋極⁽⁴⁰⁾を出て, －極に入ると約束されて⁽⁴¹⁾いる。たとえば, 左の回路では電流は＋極を出て, スイッチのところを通って, ランプのところを通っていき, －極に入る。スイッチのところで電流を通したり, 切ったりする。

전류는 ＋극을 나와서 －극으로 들어간다고 약속되어 있다. 예를 들면, 왼쪽 회로에서 전류는 ＋극을 나와서 스위치가 있는 곳을 통해서 램프가 있는 곳을 지나 －극으로 들어간다. 스위치가 있는 곳에서 전류를 통하게 하거나 끄기도 한다.

──────────────────────────────

(38) 書きこむ 써넣다   (39) 流れる 흐름   (40) ＋極 ＋극   (41) 約束される 약속되다

2. 次の電流の通る道筋⁽⁴²⁾を，上の文の「…の回路では…」の言い方にならって言いなさい。 다음 전류가 통하는 코스를 위의 문장의 「…의 회로에서는…」의 말투와 같이 말하시오.

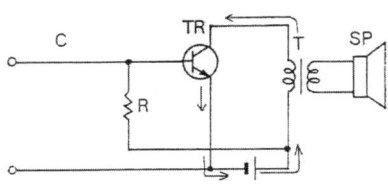

1) C 電解コンデンサ 전해(질)축전기
  R 抵抗器 저항기
  TR トランジスタ 트랜지스터
  T 変成器 변성기
  SP スピーカー 스피커

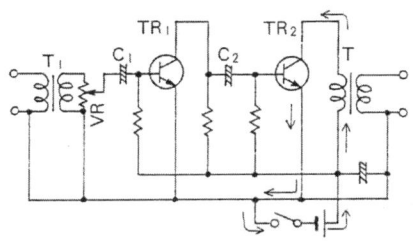

2)

  VR 半固定⁽⁴³⁾抵抗器 반고정 저항기

3. 下の回路の①~⑤に対応する⁽⁴⁴⁾ものは，次のどれですか。
아래 회로의 ①~⑤에 대응하는 것은 다음 중 어느 것입니까?

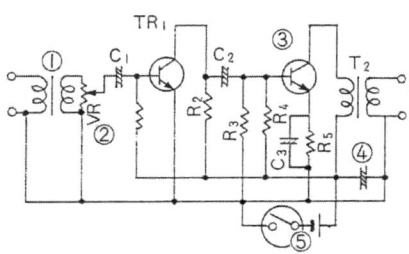

  抵抗器 저항기
  電解コンデンサ 전해(질)축전기
  変成器 변성기
  トランジスタ 트랜지스터
  スイッチ 스위치

━━━━━━━━━━━━━━━━━━━━━━━━━━━━━━━━━━━━━━

➼ (42) 道筋 코스(지나가는 길) **(43)** 半固定 반고정 **(44)** 対応する 대응하다

실기 과정

第16課

材料試験 재료 시험
ざいりょう し けん

I 外から加わる力 외부로부터 가해지는 힘
 そと   くわ   ちから

II 抵抗する力 저항하는 힘
  ていこう ちから

III ひずみ 변형

IV はり 빔

V 材料試験 재료 시험
  ざいりょう し けん

I 外から加わる⁽¹⁾力 외부로부터 가해지는 힘

1. 荷重 하중

荷重は, 機械部品に外から加わる力である。
하중은 기계 부품에 외부로부터 가해지는 힘이다.

作用する⁽²⁾方向によって次の五つがある。
작용하는 방향에 따라 다음의 5가지가 있다.

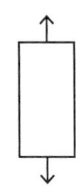

① 引っ張り荷重 인장 하중 : 材料を
引きのばす方向に働く⁽³⁾荷重
재료를 잡아 늘이는 방향으로 움직이는 하중

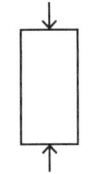

② 圧縮荷重 압축 하중 : 材料を
押し縮める方向に働く荷重
재료를 눌러서 오그리는 방향으로 움직이는 하중

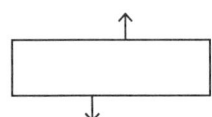

③ せん断荷重 전단(잘라 끊음) 하중 : 材料を
はさみ切る方向に働く荷重
재료를 가로로 자르는 방향으로 움직이는 하중

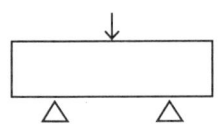

④ 曲げ荷重 구부림 하중 : 材料を
しならせる⁽⁴⁾方向に働く荷重
재료를 구부리는 방향으로 움직이는 하중

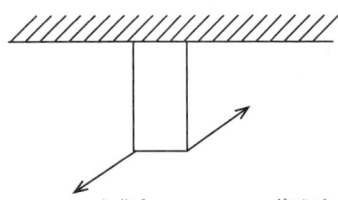

⑤ ねじり荷重 비틀림 하중 : 材料をねじる方向に働く荷重
재료를 비트는 방향으로 움직이는 하중

---

(1) 加わる 가해지다   (2) 作用する 작용하다   (3) 働く 움직이다   (4) しならせる 구부리다

2. 例のように言いなさい。 예와 같이 말하시오.

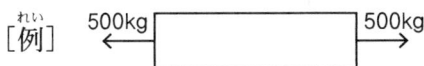

材料を引きのばす方向に500kgの荷重がかかって⁽⁵⁾います。
재료를 늘이는 방향으로 500kg의 하중이 걸려 있습니다.

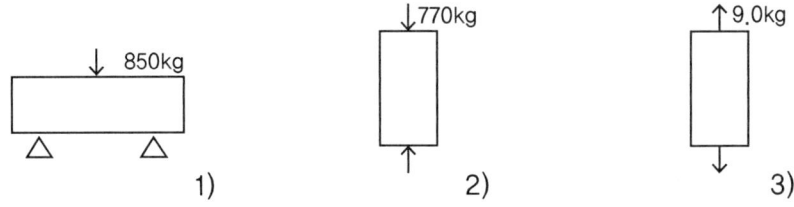

1)   2)   3)

Ⅱ 抵抗する力 저항하는 힘

1. 応力 응력

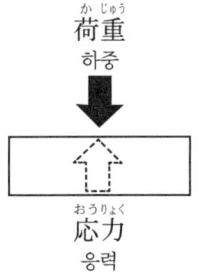

機械部品に荷重がかかると,部品の内部⁽⁶⁾に抵抗力が生じて,荷重に抵抗する。この抵抗する力を応力という。
기계 부품에 하중이 걸리면 부품 내부에 저항력이 생겨서 하중에 저항한다. 이 저항하는 힘을 응력이라고 한다.

部品にかかる荷重とその部品内部の全⁽⁷⁾応力は等しい⁽⁸⁾。
부품에 걸리는 하중과 그 부품 내부의 전체 응력은 같다.

応力 응력(f) $f = \frac{P}{A} kg/cm^2$

外力 외력(荷重 하중) : Pkg
断面積 단면적 : Acm²

---

(5) かかる 걸리다   (6) 内部 내부   (7) 全 모든, 전체   (8) 等しい 같다

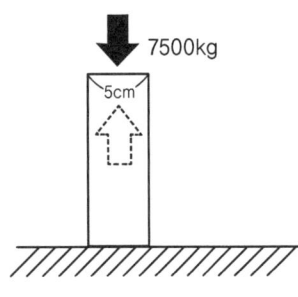

1辺⁽⁹⁾5cmの角棒⁽¹⁰⁾に7500kgの圧縮荷重が
かかった。このときの応力は…

한 변이 5cm인 각재에 7500kg의 압축 하중이 걸렸다. 이때의 응력은…

荷重 하중 P=7500kg　断面積 단면적 A=5×5=25cm²

したがって 따라서

応力は 응력은 $f = \dfrac{P}{A} = \dfrac{7500(kg)}{25(cm^2)} = 300 kg/cm^2$ となる 가 된다.

2. 次の1)〜5)の中で,応力が等しいものは,どれとどれですか。

다음 1)〜5) 중에 응력이 같은 것은 무엇과 무엇입니까?

また,その応力は数値はいくらですか。 또 그 응력의 수치는 얼마입니까?

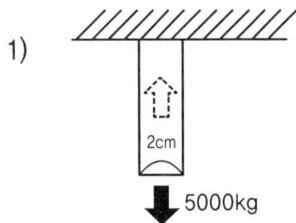

1) 1辺2cmの角棒 한 변이 2cm인 각재
5000kgの引っ張り荷重 5000kg의 인장 하중

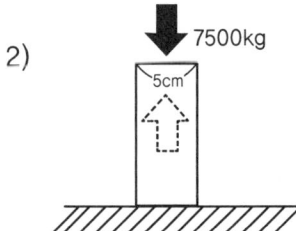

2) 1辺5cmの角棒 한 변이 5cm인 각재
7500kgの圧縮荷重 7500kg의 압축 하중

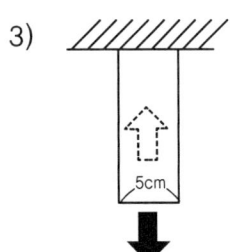

3) 1辺5cmの角棒
한 변이 5cm인 각재
7500kgの引っ張り荷重
7500kg의 인장 하중

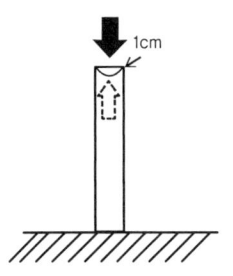

4) 1辺1cmの角棒
한 변이 1cm인 각재
300kgの圧縮荷重
300kg의 압축 하중

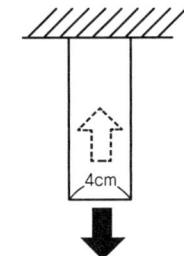

5) 1辺4cmの角棒
한 변이 4cm인 각재
20tの引っ張り荷重
20 t 의 인장 하중

20t (=2000kg)

- (9) 辺 변(옆)　(10) 角棒 각재

Ⅲ　ひずみ 변형

1. 機械部品に外力を加えて応力が生じると, その部品は, 非常に⁽¹¹⁾わずか⁽¹²⁾だが, 変形する⁽¹³⁾。これをひずみという。ひずみには, 次の三つがある。

기계 부품에 외력을 가하는 응력이 발생하면, 그 부품은 매우 조금이지만 변형한다. 이것을 'ひずみ(변형)'라고 한다. 'ひずみ'에는 다음의 3개가 있다.

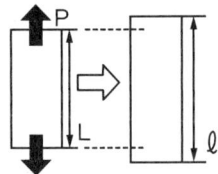

L : 部品のもとの長さ 부품의 원래 길이
ℓ : ひずんだ後の長さ 변형 후의 길이
P : 外力(荷重) 외력(하중)

① 引っ張りひずみ : 引っ張り荷重によって起こる⁽¹⁴⁾ひずみ
　　인장 변형: 인장 하중에 의해 일어나는 변형

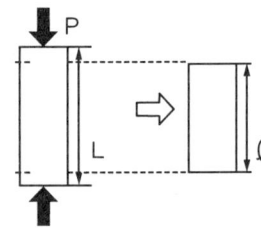

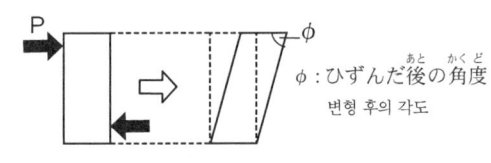

φ : ひずんだ後の角度
　　변형 후의 각도

② 圧縮ひずみ 압축 변형 :
　圧縮荷重によって起こるひずみ
　압축 하중에 의해 일어나는 변형

③ せん断ひずみ 전단 변형 :
　せん断荷重によって起こるひずみ
　전단 하중에 의해 일어나는 변형

---

(11) 非常に 매우, 지극히　**(12)** わずか 조금　**(13)** 変形する 변형하다　**(14)** 起こる 일어나다

2. 次の1)～3)は，どの荷重によって起こったひずみですか。また，もとの長さ，ひずんだ後の長さ，角度を言いなさい。

다음 1)~3)은 어떤 하중에 의해서 발생한 변형입니까? 또 원래의 길이, 변형한 후의 길이, 각도를 말하시오.

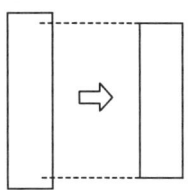

1) L : 4cm ℓ : 3.5cm

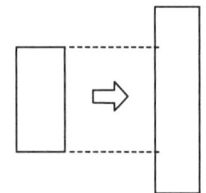

2) L : 2.2cm ℓ : 4cm

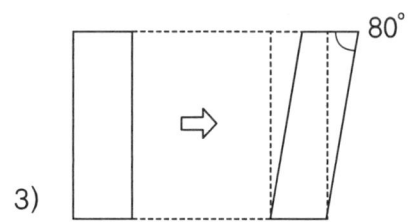

3)

Ⅳ　はり 빔

1. はり 빔

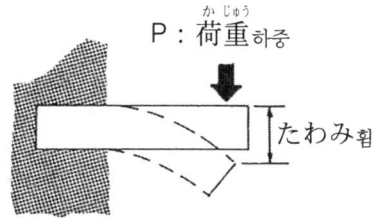

P : 荷重 하중
たわみ 휨

棒に荷重がかかると，棒[15]は曲げ作用[16]を受ける。このように曲げ作用を受ける[17]棒をはりという。

봉에 하중이 걸리면 봉은 굴곡 작용을 받는다. 굴곡 작용을 받는 봉을 빔이라고 한다.

また，棒の先端[18]には，たわみ[19]が生じる。

또 봉 끝에는 휨이 생긴다

たわみの量[りょう]は，はりの断面積が同じでも，断面の形がちがえば異なる[20]。

휨의 정도는 빔의 단면적이 같아도 단면의 형태가 다르면 같지 않다.

・・・

(15) 棒 봉　　(16) 曲げ作用 굴곡작용　　(17) 受ける 받다　　(18) 先端 선단, 끝　　(19) たわみ 휨(휘기)
(20) 異なる 같지 않다

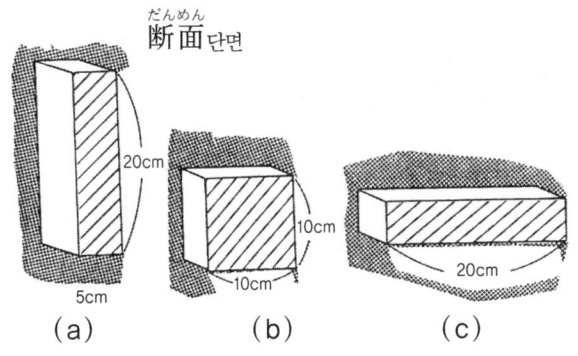

上の(a), (b), (c)の断面積はどれも100cm²で同じだが, はりに使う場合, (a)は(b)の2倍の強度[21], (b)は(c)の2倍の強度, つまり, (a)は(c)の4倍の強度がある。

위의 (a), (b), (c)의 단면적은 모두 100cm²로 같지만, 빔에 사용할 경우, (a)는 (b)의 2배 강도, (b)는 (c)의 2배 강도, 즉 (a)는 (c)의 4배 강도이다.

2. 次の質問に答えなさい。 다음 질문에 답하시오.

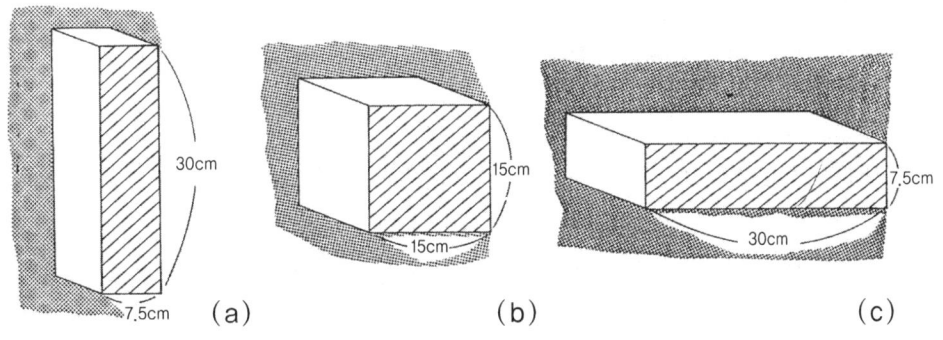

1) (a)は(b)の何倍の強度がありますか。 (a)는 (b)의 몇 배 강도입니까?
2) (b)は(c)の何倍の強度がありますか。 (a)는 (c)의 몇 배 강도입니까?
3) (c)は(a)の何分の1の強度しかありませんか。
   (c)는 (a)의 몇 분의 1의 강도밖에 되지 않습니까?
4) (a), (b), (c)の中で一番強度があるのはどれですか。
   (a), (b), (c) 중에서 제일 강도가 센 것은 어느 것입니까?

・・・

(21) 強度 강도

V 材料試験 재료 시험

1. 試験の種類 시험의 종류

引っ張り強さ, かたさなどの材料の機械的性質⁽²²⁾を調べるための試験を材料試験という。 인장력, 견고함 등 재료의 기계적 성질을 조사하기 위한 시험을 재료 시험이라고 한다.

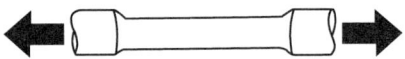

① 引っ張り試験 인장 시험 : 試験片⁽²³⁾を徐々に⁽²⁴⁾引っ張って, 引っ張り強さ・伸び率⁽²⁵⁾などを求める⁽²⁶⁾試験 시험편을 서서히 늘여서 인장 강도·신장률 등을 구하는 시험

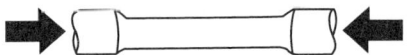

② 圧縮試験 압축 시험 : 試験片に圧縮荷重を加えて, ひずみや応力を測定して, 機械的性質などを調べる試験
시험편에 압축 하중을 가해서 변형이나 응력을 측정하여 기계적 성질 등을 조사하는 시험

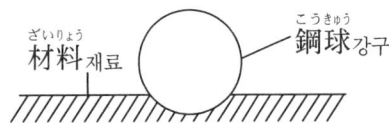

③ かたさ試験 경도 시험(ロックウェル硬度試験 로크웰 경도 시험) : 鋼球⁽²⁷⁾を材料に一定の圧力で押し込んで, くぼみ⁽²⁸⁾の大きさを求めて, かたさを調べる試験
강구를 재료로 일정한 압력을 넣어서 움푹 팬 곳의 크기를 구해서 강도를 알아보는 시험

2. 許容応力⁽²⁹⁾ 허용 응력

許容応力は材料を実際に⁽³⁰⁾使用して⁽³¹⁾安全だ⁽³²⁾と考えられる最大の応力である。 허용 응력은 재료를 실제로 사용하여 안전하다고 생각하는 최대 응력이다.

---

(22) 機械的性質 기계적 성질 　(23) 試験片 시험편(테스트 피스) 　(24) 徐々に 서서히
(25) 伸び率 신장률 　(26) 求める 구하다 　(27) 鋼球 강구 　(28) くぼみ 움푹 팸
(29) 許容応力 허용 응력 　(30) 実際に 실제로 　(31) 使用する 사용하다 　(32) 安全だ 안전하다

鉄鋼(33)の許容応力 철강의 허용 응력(kg/mm²)

材料재료	引っ張り인장	圧縮압축	曲げ구부림	せん断전단	ねじり비틀림
スウェーデン鋼 스웨덴 철강 Swedish steel	9.0	9.0	9.0	7.2	3.0
軟鋼연강 mild steel	9.0〜15.0	9.0〜15.0	9.0〜15.0	7.2〜12.0	6.0〜12.0
鋼강철 steel	12.0〜18.0	12.0〜18.0	12.0〜18.0	9.6〜14.4	9.0〜14.4
鋳鋼주강 cast steel	6.0〜12.0	9.0〜15.0	7.5〜12.0	4.8〜9.6	4.8〜9.6
鋳鉄주철 cast iron	3.0	9.0	———	3.0	———

上の表は試験の結果(34)得(35)鉄鋼の許容応力の表です。表を見て, 次の質問に答えなさい。

위의 표는 시험 결과 얻은 철강의 허용 응력 표입니다. 표를 보고 다음 질문에 답하시오.

1) 引っ張り強さが一番大きい材料はどれですか。
   인장의 강도가 가장 큰 재료는 어느 것입니까?

2) 曲げ強さが一番大きい材料はどれですか。
   구부림 강도가 제일 큰 재료는 어느 것입니까?

3) 圧縮の許容応力が9.0kg/mm²である材料はどれとどれですか。
   압축의 허용 응력이 9.0kg/mm²인 재료는 어느 것과 어느 것입니까?

4) せん断の許容応力が一番小さい材料はどれですか。
   전단 허용 응력이 제일 작은 재료는 어느 것입니까?

(33) 鉄鋼 철강   (34) 結果 결과   (35) 得る 얻다

실기 과정

第17課

化学実験(かがくじっけん) 화학 실험

- I 実験(じっけん)とことば 1) 실험과 말 1)
- II 実験(じっけん)とことば 2) 실험과 말 2)
- III 気体(きたい)とその性質(せいしつ) 1) 기체와 그 성질 1)
- IV 気体(きたい)とその性質(せいしつ) 2) 기체와 그 성질 2)
- V 測定値(そくていち)の誤差(ごさ) 측정치 오차

I 実験とことば 1) 실험과 말 1)

1. 器具とことば 기구와 말

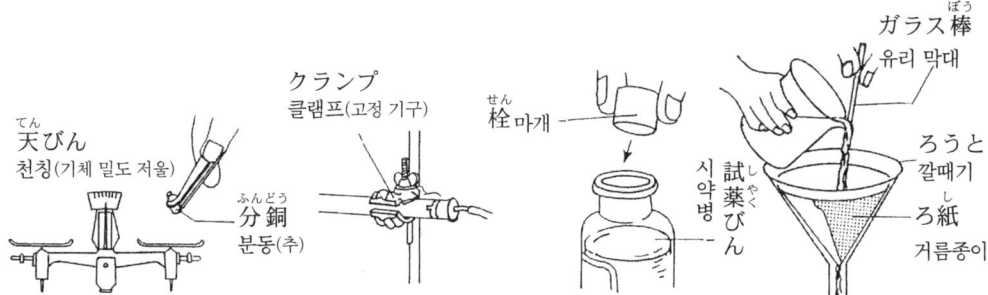

① 天びんに 分銅をのせる
천칭에 추를 올리다

② クランプで 試験管[(1)]をはさむ
클램프로 시험관을 끼우다

③ 試薬びん[(2)]に 栓をする (↔栓をぬく 마개를 열다)
시약병에 마개를 덮다

④ 溶液を ろ紙でこす[(3)]
거름종이로 거르다

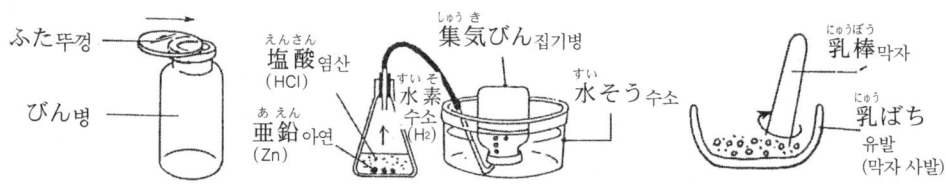

⑤ びんにふた[(4)]をする (↔ふたをとる 뚜껑을 열다)
병에 뚜껑을 덮다

⑥ 集気びん[(5)]に 水素を集める[(6)]
집기병에 수소를 모으다

⑦ 乳棒で試料[(7)]を かきまぜる[(8)]
막자로 시료를 뒤섞다

---

(1) 試験管 시험관　(2) 試薬びん 시약병　(3) ろ紙でこす 거름종이로 거르다　(4) ふた 뚜껑
(5) 集気びん 집기병　(6) 集める 모으다　(7) 試料 시료　(8) かきまぜる 뒤섞다

2. 化学式 화학식

酢酸 초산　　C₂H₄O₂　　CH₂O　　H-C(-H,-H)-C(=O)-O-H　　CH₃COOH
(acetic acid)
　　　　　　分子式 분자식　実験式 실험식　構造式 구조식　示性式 시성식

1) エタンの構造式をかきなさい。 에탄의 구조식을 쓰시오.

エタン 에탄　　C₂H₆　　CH₃　　[　　]　　CH₃·CH₃
(ethane)
　　　　　　分子式 분자식　実験式 실험식　構造式 구조식　示性式 시성식

Ⅱ 実験とことば 2) 실험과 말 2)

1. 実験の方法 실험 방법

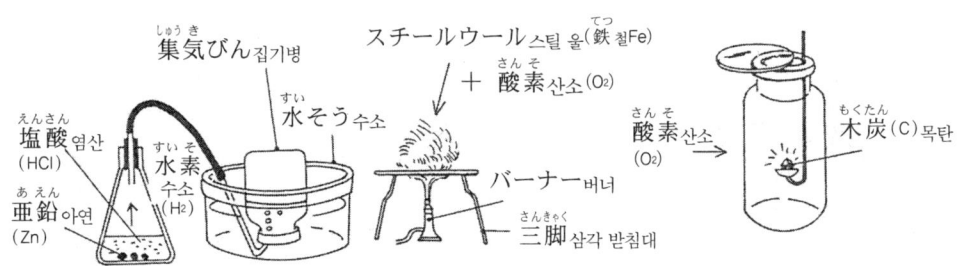

① (水素が)発生する⁽⁹⁾　② (鉄が)酸化する⁽¹⁰⁾　③ (木炭が)燃焼する⁽¹¹⁾
　(수소가) 발생한다　　　　(철이) 산화한다　　　　(목탄이) 연소한다

⇛ (9) 発生する 발생하다　(10) 酸化する 산화하다　(11) 燃焼する 연소하다

化学反応式 화학반응식

2HCl+Mg　　　　2H|Cl ↔ Mg|　　　2HCl+Mg |→MgCl₂|+H₂

④ (塩酸⁽¹²⁾とマグネシウムを)混合する⁽¹³⁾
(염산과 마그네슘을) 혼합한다

⑤ (塩素⁽¹⁴⁾とマグネシウムとが)反応する⁽¹⁵⁾
(염소와 마그네슘 등이) 반응한다

⑥ (マグネシウムと塩素が)化合する⁽¹⁶⁾
(마그네슘과 염소가) 화합한다

化学反応式 화학반응식

2HCl + Mg → MgCl₂ + H₂

⑦ (水素と塩素が)分解する⁽¹⁷⁾
(수소와 염소가) 분해된다

水 물

⑧ (水に)溶ける⁽¹⁸⁾
(물에) 녹는다

2. 上の図のことばを使って、つぎの事がら⁽¹⁹⁾を述べ⁽²⁰⁾なさい。
위 그림의 말을 사용해서 다음 사항을 기술하시오.

[例]

メタノール 메탄올
(methanol) CH₃OH

→ メタノールが燃焼します 메탄올이 연소합니다.

1)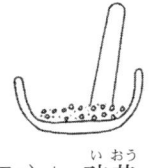
鉄 철(Fe) + 硫黄 유황(S)

2)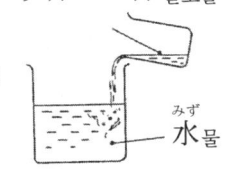
アルコール 알코올
水 물

3)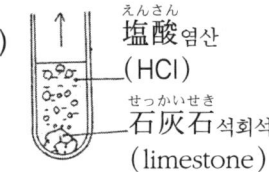
二酸化炭素 이산화탄소 (CO₂)
塩酸 염산 (HCl)
石灰石 석회석 (limestone)

化学反応式 화학반응식

4) H₂O → H₂ + O
　　水素　酸素
　　수소　산소

化学反応式 화학반응식

5) H₂ + O → H₂O
　水素　酸素
　수소　산소

6) FeO ↔ H₂
　酸化鉄　水素
　산화철　수소

---

(12) 塩酸 염산　(13) 混合する 혼합하다　(14) 塩素 염소　(15) 反応する 반응하다
(16) 化合する 화합하다　(17) 分解する 분해되다　(18) 溶ける 녹다　(19) 事がら 사항
(20) 述べる 기술하다

Ⅲ 気体とその性質 1) 기체와 그 성질 1)

気体 기체	化学式 화학식	色 색	におい 냄새	溶解性 용해성	主な特徴(21)と用途(22)など 주요 특징과 용도 등
水素 수소 hydrogen	H_2	無色 무색	無臭 무취	水にほとんど溶けない 물에 거의 녹지 않는다	特徴특징 – 酸素と混合して点火すると爆発し(23), 水ができる(24)。 산소와 혼합해서 점화하면 폭발해 물이 생긴다. 用途용도 – 金属酸化物(25)の還元(26)に使用する。 금속산화물의 환원에 사용한다.
窒素 질소 nitrogen	N_2	無色 무색	無臭 무취	水にほとんど溶けない 물에 거의 녹지 않는다	特徴특징 – ほとんど化学反応しない。空気の約78%を占める(27)。 거의 화학 반응을 하지 않는다. 공기의 약 78%를 차지한다. 全て(28)のタンパク質(29)の構成要素(30)である。 전부 단백질의 구성 요소다.
酸素 산소 oxygen	O_2	無色 무색	無臭 무취	水にほとんど溶けない 물에 거의 녹지 않는다	特徴특징 – 多くの物質を酸化させたり, 燃焼させたりする。空気中に約20%存在する(31)。 많은 물질을 산화시키거나 연소시킨다. 공기 중에 약 20% 존재한다. 用途용도 – 製鉄(32), 溶接などに使用する。 제철, 용접 등에 사용한다.
二酸化炭素 이산화탄소 carbon dioxide	CO_2	無色 무색	無臭 무취	水に溶ける 물에 녹는다	特徴특징 – 比重(33)は空気の1.5倍。水溶液(34)は酸性(35)。石灰水(36)にあうと白くにごる(37)。 비중은 공기의 1.5배. 수용액은 산성. 석회수를 만나면 하얗게 흐려진다. 用途용도 – ドライアイスにして物を冷やす(38)のに使用する。 드라이아이스로 만들어 물을 차갑게 하는 데 사용한다.

• •

➥ (21) 特徴 특징　　(22) 用途 용도　　(23) 爆発する 폭발하다　　(24) できる 생기다
(25) 金属酸化物 금속산화물　　(26) 還元 환원　　(27) 占める 차지하다　　(28) 全て 전부, 모두
(29) タンパク質 단백질　　(30) 構成要素 구성 요소　　(31) 存在する 존재하다　　(32) 製鉄 제철
(33) 比重 비중　　(34) 水溶液 수용액　　(35) 酸性 산성　　(36) 石灰水 석회수　　(37) にごる 흐려지다
(38) 冷やす 식히다, 차갑게 하다

アンモニア 암모니아 ammonia	NH_3	無色 무색	刺激のある(39)におい 자극적인 냄새	水によく溶ける 물에 잘 녹는다	特徴특징 - 空気より軽い。水溶液はアルカリ性。 공기보다 가볍다. 수용액은 알칼리성. 用途용도 - 肥料(40)などに多く使用する。 비료 등에 많이 사용한다.
二酸化硫黄 이산화유황 sulfer dioxide	SO_2	無色 무색	刺激のあるにおい 자극적인 냄새	水によく溶ける 물에 잘 녹는다	特徴특징 - 水溶液は酸性。有毒(41)。 수용액은 산성. 유독. 用途용도 - 鉱石(42)の精錬(43)、溶剤(44)などに使用する。 광석의 정련, 용제 등에 사용한다.
塩素 염소 chlorine	Cl_2	黄緑色 황녹색	刺激のあるにおい 자극적인 냄새	水に溶ける 물에 녹는다	特徴특징 - 多くの物質と化合して塩化物(45)をつくる。有毒。 많은 물질과 화합해서 염화물을 만든다. 유독. 用途용도 - 漂白剤(46)、殺菌剤(47)、殺虫剤(48)などの製造(49)に使用する。 표백제, 살균제, 살충제 등의 제조에 사용한다.

Ⅳ 気体とその性質 2) 기체와 그 성질 2)

上記の表を参考にして(50), 次の質問に答えなさい。
상기의 표를 참고해서 다음 질문에 답하시오.

1. 例のように答えなさい。 예와 같이 대답하시오.

[例] においについて言えば, 水素はどうですか。
    냄새에 대해서 말하면 수소는 어떻습니까?

→においについては無臭です。 냄새에 대해서는 무취입니다.

---

(39) 刺激のある 자극적인   (40) 肥料 비료   (41) 有毒 유독   (42) 鉱石 광석   (43) 精錬 정련
(44) 溶剤 용제   (45) 塩化物 염화물   (46) 漂白剤 표백제   (47) 殺菌剤 살균제
(48) 殺虫剤 살충제   (49) 製造 제조   (50) ~を参考にして ~을(를) 참고로해서

1) 色について言えば、窒素はどうですか。
   색에 대해서 말하면 질소는 어떻습니까?

2) においについて言えば、アンモニアはどうですか。
   냄새에 대해서 말하면 암모니아는 어떻습니까?

3) 溶解性について言えば、酸素はどうですか。
   용해성에 대해서 말하면 산소는 어떻습니까?

2. 例のように答えなさい。 예와 같이 대답하시오.

[例] 色とかにおいとか溶解性について、水素はどうですか。
色깔이나 냄새라던가 용해성에 대해서 수소는 어떻습니까?
→水素は無色無臭で、水にはほとんど溶けません。
수소는 무색무취이고 물에는 거의 녹지 않습니다.

1) 色とかにおいとか溶解性について、二酸化炭素はどうですか。
   색깔이나 냄새라던가 용해성에 대해서 이산화탄소는 어떻습니까?

2) 色とかにおいとか溶解性について、二酸化硫黄はどうですか。
   색깔이나 냄새라던가 용해성에 대해서 이산화황은 어떻습니까?

3) 色とかにおいとか溶解性について、塩素はどうですか。
   색깔이나 냄새라던가 용해성에 대해서 염소는 어떻습니까?

3. 例のように答えなさい。 예와 같이 대답하시오.

[例] 水素の主な特徴や用途について述べなさい。
수소의 주요 특징이나 용도에 대해서 말하시오.
→ 水素の特徴は、酸素と混合して点火すると爆発して、水ができることです。用途として(51)は、金属酸化物の還元に用います。
수소의 특징은 산소와 혼합해서 점화하면 폭발해서 물이 생기는 것입니다. 용도로서는 금속산화물의 환원에 사용합니다.

1) 酸素の主な特徴や用途について述べなさい。
   산소의 주요 특징이나 용도에 대해서 말하시오.

2) 塩素の主な特徴や用途について述べなさい。
   염소의 주요 특징이나 용도에 대해서 말하시오.

- (51) として ~로서

V 測定値の誤差[52] 측정치 오차

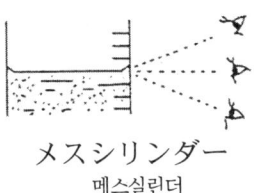

メスシリンダー
메스실린더

不正確[53]になる 부정확하게 된다.
正確に読みとれる 정확하게 읽을 수 있다.
不正確になる 부정확하게 된다.

1. 目分量[54]測定による測定値の誤差 눈대중 측정에 의한 측정치 오차

1) 下の図は, それぞれ, 目で見た液面[55]の位置を示して[56]います。
아래 그림은 각각 눈으로 본 액면 위치를 나타내고 있습니다.

目盛り[57]の上の値[58]を読みとって, 下の四角います[59]（ ）の中に書き入れなさい。 눈금 위의 값을 읽어서 아래의 네모 칸 （ ） 안에 써넣으시오.

① ㎖　② ㎖　③ ㎖　④ ㎖　⑤ ㎖

- (52) 誤差 오차　(53) 不正確 부정확　(54) 目分量 눈대중　(55) 液面 액면　(56) 示す 나타내다
- (57) 目盛り 눈금　(58) 値 값　(59) 四角います 네모칸

2) 上の図から得た値の ⅰ) 平均値⁽⁶⁰⁾を求めⅱ) 本当の値とのⅲ) 差⁽⁶¹⁾を出しなさい。また, 誤差率⁽⁶²⁾はどのぐらいですか。

<small>위의 그림에서 얻은 값의 ⅰ) 평균치를 구하고 ⅱ) 원래의 값과의 ⅲ) 차이를 계산하시오. 또 오차율은 어느 정도입니까?</small>

ⅰ) 平均値 평균치 □ ㎖
ⅱ) 本当の値 원래의 값 22.5 ㎖
ⅲ) 差 차이 □ ㎖

$$\therefore 誤差率 오차율 \quad \frac{22.5 - 平均値}{22.5} \times 100 = \pm \boxed{} \%$$

2. 器具⁽⁶³⁾のくるい⁽⁶⁴⁾による測定値の誤差 기구의 이상에 의한 측정치 오차

1) 下の測定値は5台の天びんで得たものです。

<small>아래의 측정치는 다섯 대의 천칭으로 얻은 것입니다.</small>

測定値 측정치　① 54.2g　② 54.0g　③ 53.9g　④ 54.1g　⑤ 54.0g
本当の値 원래의 값　54.0g

2) ⅰ) 上の五つの測定値は本当の値とどのぐらい食いちがって⁽⁶⁵⁾いますか。

<small>위의 다섯 개 측정치는 원래 값과 어느 정도 엇갈려 있습니까?</small>

ⅱ) また, 本当の値と同じときは「本当の値と一致して⁽⁶⁶⁾います。」と言いなさい。 <small>또 원래 값과 같을 때는 '원래 값과 일치합니다.'라고 말하시오.</small>

➤ (60) 平均値 평균치　(61) 差 차　(62) 誤差率 오차율　(63) 器具 기구　(64) くるい (기계의) 이상
　(65) 食いちがう 엇갈리다　(66) 一致する 일치하다

실기 과정

第18課

作業環境の安全と管理
작업 환경의 안전과 관리

- **I 作業の準備** 작업 준비
- **II 作業後のあとかたづけ** 작업 후 뒤처리
- **III 危険物の取扱い** 위험물의 취급
- **IV 作業態度** 작업 태도
- **V 作業動作** 작업 동작

I 作業の準備⁽¹⁾ 작업 준비

1. 作業場 작업장

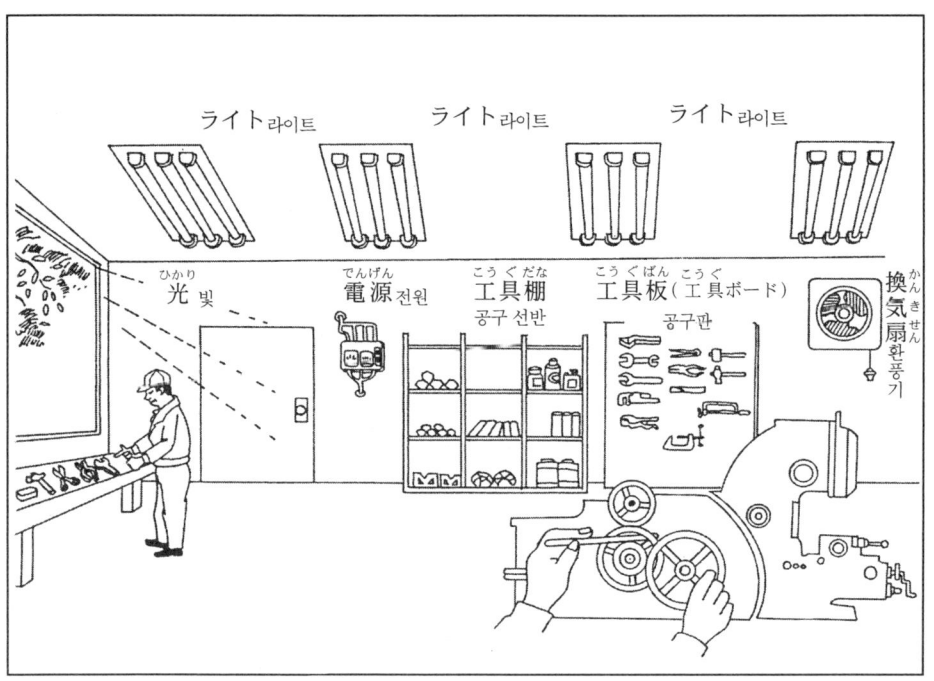

2. 次のような場合, どんな結果が生じる⁽²⁾か, いろいろ考えてみなさい。
   다음의 경우, 어떤 결과가 생기는지 여러모로 생각해보시오.

   [例] 明り⁽³⁾が十分でないと, <u>物がよく見えないため, 正確な作業がしにくい</u>
   です。불빛이 충분하지 않으면 물건이 잘 보이지 않기 때문에 정확한 작업을 하기 어렵습니다.

   1) 換気⁽⁴⁾が悪いと 환기가 나쁘면, _____
   2) 必要な工具がそろっていないと, _____
      필요한 공구가 갖춰져 있지 않으면
   3) 機械などの点検, 調整ができて⁽⁵⁾いないと, _____
      기계 등의 점검, 조정이 되어 있지 않으면

→ (1) 準備 준비 (2) 生じる 나오다(생기다) (3) 明り 밝은빛, 불빛 (4) 換気 환기 (5) できる 되다

Ⅱ 作業後のあとかたづけ[6] 작업 후 뒤처리

1. 作業場 작업장

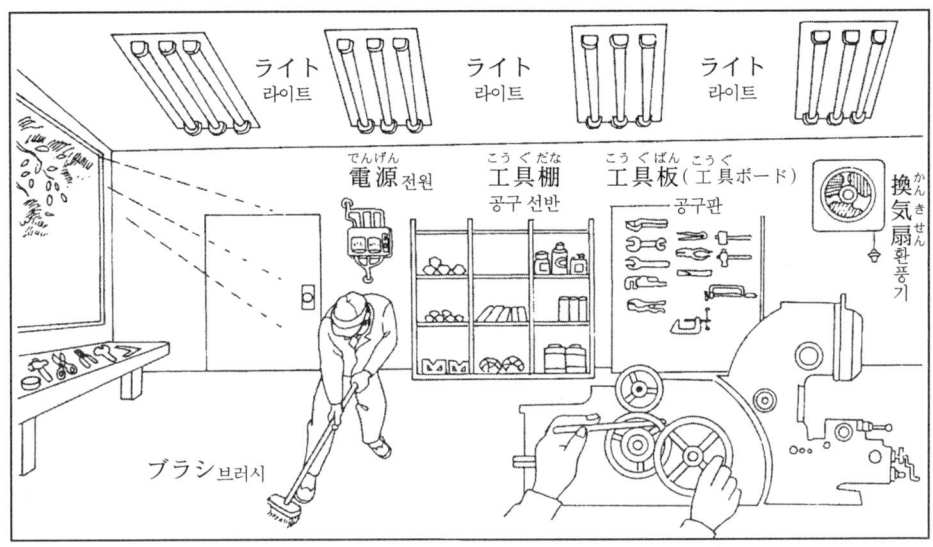

2. あとかたづけ 뒤처리

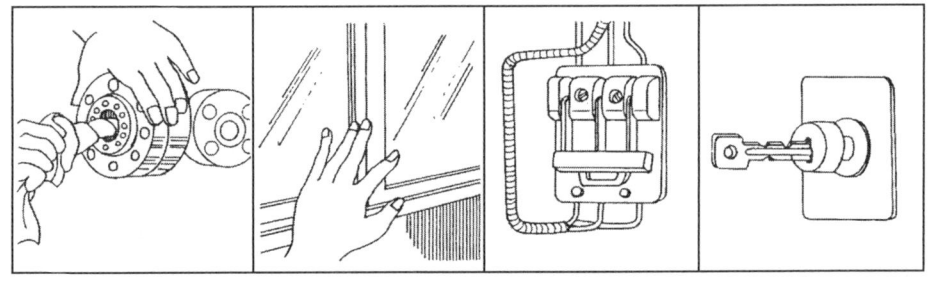

1) ウエスでふく
   걸레로 닦다

2) 窓をしめる
   창문을 닫다

3) 電源を切る
   전원을 끄다

4) かぎをかける
   열쇠를 잠그다

3. 作業が終わったら 작업이 끝나면

[例] なぜ工具の手入れ[7]をしておかないといけませんか。
   왜 공구의 손질을 해 놓지 않으면 안 됩니까?

→さびたりするおそれ[8]があるからです。
   녹슬거나 할 우려가 있기 때문입니다.

・・

↦ (6) あとかたづけ 뒤처리   (7) 手入れ 손질   (8) おそれ 우려

1) なぜそうじをしておかないといけませんか。
　　왜 청소를 해놓지 않으면 안 됩니까?

2) なぜ工具をもとへ戻して⁽⁹⁾おかないといけませんか。
　　왜 공구를 제자리에 되돌려 놓지 않으면 안 됩니까?

3) なぜ機械などの点検や調整をしておかないといけませんか。
　　왜 기계 등의 점검이나 조정을 해 놓지 않으면 안 됩니까?

4) なぜかぎをかけておかないといけませんか。
　　왜 열쇠를 걸어 놓지 않으면 안 됩니까?

Ⅲ 危険物⁽¹⁰⁾の取扱い 위험물의 취급

1. 危険物の取扱い方法 위험물의 취급 방법

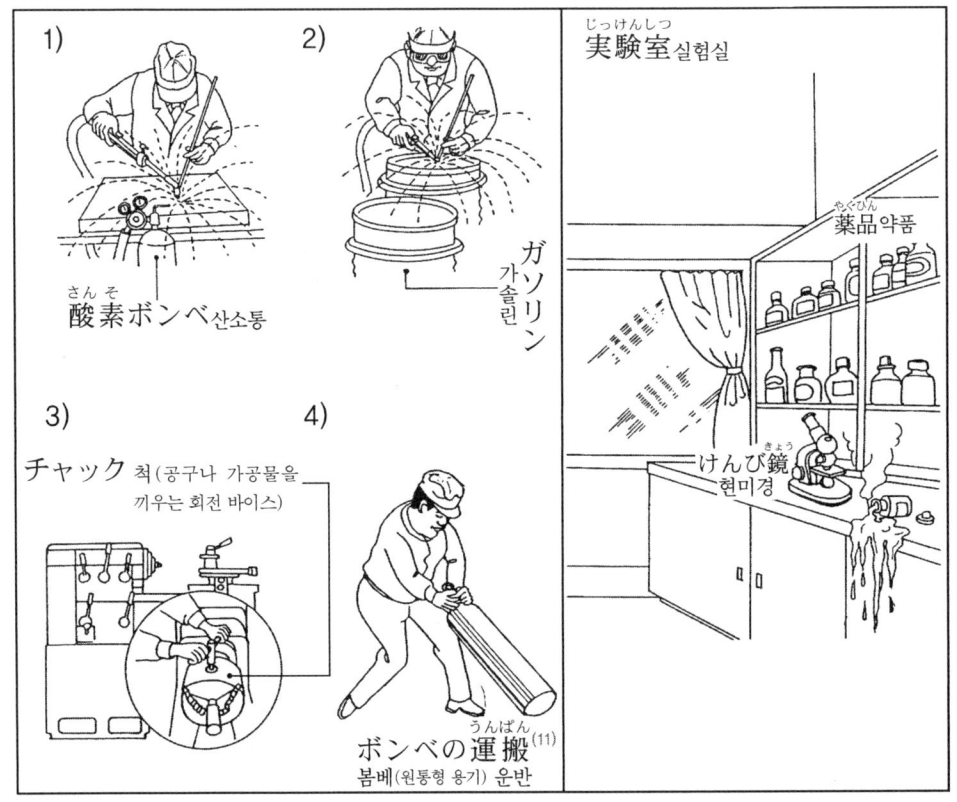

1) 酸素ボンベ 산소통
2) ガソリン 가솔린
3) チャック 척(공구나 가공물을 끼우는 회전 바이스)
4) ボンベの運搬⁽¹¹⁾ 봄베(원통형 용기) 운반

実験室 실험실
薬品 약품
けんび鏡 현미경

---

(9) 戻す 되돌리다　(10) 危険物 위험물　(11) 運搬 운반

2. 例のように言いなさい。 예와 같이 말하시오.

[例] あやまる 실수하다 ▷ 手を打つ 손을 때리다
→あやまって手を打つ危険があります。
실수로 손을 때릴 위험이 있습니다.

1) 爆発する 폭발하다 ▷ 火災を起こす 화재를 일으키다
2) 引火する 인화하다 ▷ 火災を起こす 화재를 일으키다
3) 倒す 넘어뜨리다 ▷ けがをする 상처를 입다
4) はずれる 빠지다 ▷ けがをする 상처를 입다
5) こぼす 엎지르다 ▷ やけどをする 화상을 입다

IV 作業態度 작업 태도

1. 作業態度の悪い例 작업 태도의 나쁜 예

1) おしゃべり⁽¹²⁾をする
수다를 떨다

2) わき見をする
한눈팔다

3) くわえタバコ⁽¹³⁾で仕事をする
입에 담배를 물고 일을 하다

----

(12) おしゃべり 잡담, 수다   (13) くわえタバコ 입에 담배를 문채 피움

4) 鼻うたをうたう　　5) 口笛をふく　　6) あわてる

　　콧노래를 부르다　　　휘파람을 불다　　　당황하다

 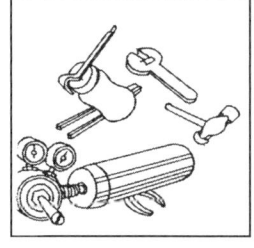 

7) 心配ごと⁽¹⁴⁾がある　　8) ものを散らかして⁽¹⁵⁾おく　　9) 服装⁽¹⁶⁾が乱れている⁽¹⁷⁾

　걱정거리가 있다　　　　물건을 어질러 놓는다　　　　복장이 흐트러져 있다

2. 上の 1)～9)のような場合どんな危険がありますか。

위의 1)~9)와 같은 경우 어떤 위험이 있습니까?

[例] 1) おしゃべりをしていると、機械の動きなどに注意が行かなくなって作業の失敗⁽¹⁸⁾の原因⁽¹⁹⁾になることがあります。

수다를 떨고 있으면 기계의 움직임 등에 주의를 하지 않게 되어 작업 실패의 원인이 되는 경우도 있습니다.

---

(14) 心配ごと 걱정거리　　(15) 散らかす 어지르다　　(16) 服装 복장　　(17) 乱れる (복장이) 흐트러지다
(18) 失敗 실패　　(19) 原因 원인

第18課　作業環境の安全と管理 작업 환경의 안전과 관리

Ⅴ 作業動作 작업 동작

1. 工具, 機械などの取扱い 공구, 기계 등의 취급

工具や機械は, 材料をたたいたり, 回したり, 切ったり, おさえたりするのに用いる[20]。したがって[21], それぞれの機能[22]や使用目的[23]を考えて, 正しく利用[24]しなければならない。工具や機械の使用に当たっては[25], 次のことに注意する。

공구나 기계는 재료를 치거나 돌리거나 자르거나 누르거나 하는 데 사용한다. 따라서 각각 기능이나 사용 목적을 생각하여 바르게 이용하지 않으면 안 된다. 공구나 기계의 사용에 있어서는 다음 사항에 주의한다.

1) 刃物[26]などの進む[27]方向に手やからだを置かない。
   칼 등의 나아가는 방향에 손이나 몸을 두지 않는다.

2) 刃物などを渡す[28]とき, 相手[29]の方に向けない[30]。
   칼 등을 건네줄 때 상대방 쪽으로 향하지 않는다.

3) 材料はしっかり持つ。 재료는 꽉 잡는다.

4) 規定寸法[31]の材料を機械にかける[32]。 규정 치수의 재료를 기계에 건다.

5) 正しい順序で行う。 올바른 순서로 행한다.

- (20) 用いる 사용한다　(21) したがって 따라서　(22) 機能 기능　(23) 目的 목적　(24) 利用 이용
  (25) ～に当たっては ～에 있어서는　(26) 刃物 칼　(27) 進む 나아가다　(28) 渡す 건네주다
  (29) 相手 상대(방)　(30) 向ける 향하다　(31) 規定寸法 규정 치수　(32) 機械にかける 기계에 걸다

2. 次の動作はどうして正しくないですか。 다음 동작은 왜 바르지 않습니까?

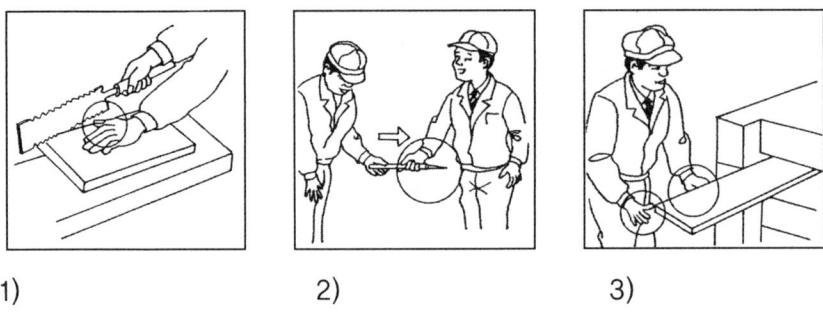

1)　　　　　　　2)　　　　　　　3)

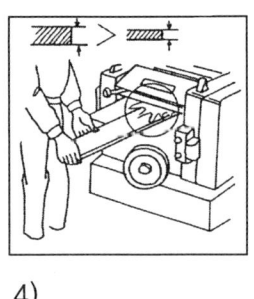　　

4)　　　　　　　5)

MEMO

역자 후기

　21세기 세계화 시대를 맞이하여 외국어 능력은 현대 사회에서 살아가기 위한 필수 조건이 되어가고 있다. 우리나라에도 세계 공용어인 영어를 비롯하여 일본어, 중국어 학습자의 비중이 매우 높다. 특히, 일본은 지리적으로 가장 가까운 나라로서 많은 한국 유학생들이 일본으로 건너가 공부하고 있고, 학습 분야도 매우 다양하다.

　이 책은 현장에서 쓰이는 일본어 학습서로, 특히 이공계 일본어 학습자를 위한 교재다. 이공계 유학생이나 연수생을 위한 교재는 공학, 물리, 화학, 생물 등 자연과학에 대한 교재가 주를 이루며 교재의 목적은 전문적인 지식의 습득과 더불어 일본어 표현 능력을 습득하는 데 있다고 볼 수 있다.

　본 교재는 이공계에서 필요한 용어나 단위에 대해서 도형이나 그림으로 알기 쉽게 설명을 하였으며, 다수의 예문도 수록되어 있다. 역자는 이 교재를 접하고 나서 이공계 관련 분야 학습자에게 꼭 필요한 책이라고 확신했고, 이 책을 번역하게 되었다.

　이 교재는 다음과 같은 학습자에게 꼭 필요한 교재라고 할 수 있다.

1. 이공계에 관심이 있거나 전공하고자 하는 학습자 또는 인문계 일본어 학습자 및 일본 유학생.
2. 이공계와 관련된 일본어 서적이나 전문잡지 논문 등을 읽고자 하는 학습자.
3. 각 학습 기관에서 이공계 분야의 일본어 교육을 담당하는 담당 교육자 및 교사

본 교재를 꾸준히 학습한다면 이공계 일본어를 더욱 자신있게 구사할 수 있을 것이다.

끝으로 본 교재가 나오기까지 도움을 주신 어문학사 관계자 여러분께 감사의 말씀을 전한다.

2014년 12월 역자 일동

이공계를 위한 현장 일본어

초판 1쇄 발행일 2014년 12월 23일

지은이 국제협력사업단(国際協力事業団)
옮긴이 문철수·박성태
펴낸이 박영희
편집 배정옥·유태선
디자인 김미령·박희경
인쇄·제본 태광 인쇄
펴낸곳 도서출판 어문학사
　　　　 서울특별시 도봉구 쌍문동 523-21 나너울 카운티 1층
　　　　 대표전화: 02-998-0094/편집부1: 02-998-2267, 편집부2: 02-998-2269
　　　　 홈페이지: www.amhbook.com
　　　　 트위터: @with_amhbook
　　　　 블로그: 네이버 http://blog.naver.com/amhbook
　　　　　　　　다음 http://blog.daum.net/amhbook
　　　　 e-mail: am@amhbook.com
　　　　 등록: 2004년 4월 6일 제7-276호

ISBN 978-89-6184-355-3 13730
정가 13,000원

이 도서의 국립중앙도서관 출판시도서목록(CIP)은 e-CIP홈페이지(http://www.nl.go.kr/eci와 국가자료공동목록시스템(http://www.nl.go.kr/kolisnet)에서 이용하실 수 있습니다. (CIP제어번호: CIP2014034129)

※ 잘못 만들어진 책은 교환해 드립니다.